LE GUITARISTE DU BON DIEU

FRÉDÉRIC GUGELOT

LE GUITARISTE DU BON DIEU

Chanter Jésus au temps du yé-yé 1955-1965

LES ÉDITIONS DU CERF

Ouvrage publié avec le soutien du
Centre d'études et de recherches en histoire culturelle (CERHiC)
et de la
Maison des sciences de l'homme (université de Reims).

www.editionsducerf.fr
24, rue des Tanneries
75013 Paris

ISBN 978-2-204-16932-5

Pour Gabriel, Sarah et Sarah.
Pour Solal et Marius.

INTRODUCTION

Un prêtre de variété ?

En 1963, une chanson triomphe dans le monde entier, « Dominique, nique, nique / S'en allait tout simplement, / Routier pauvre et chantant. / En tous chemins, en tous lieux, / Il ne parle que du Bon Dieu ». Cette chanson évoque la vie du fondateur de l'ordre des Dominicains. La chanteuse est une dominicaine belge, sœur Luc-Gabriel (1933-1985), qui prend le pseudonyme de Sœur Sourire. Elle vend plus d'un million de disques en 1962-1963 [1].

Lorsque Jeanine Deckers prend l'habit en 1959, ses sœurs écoutent déjà le chanteur jésuite Aimé Duval, ainsi que les musiques du frère Didier, de Pierre de Brienne, franciscains, et de Maurice Cocagnac, dominicain lui aussi [2]. Sœur Sourire enregistre dans la collection « Chants de Lumière » chez Philips, consacrée aux chansons inspirées par l'idéal chrétien. Ce succès se fonde sur d'autres, maintenant oubliés, ceux de prêtres-chanteurs à texte, dont le premier amorce la mode dès la fin des années 1950.

---

1. Florence DELAPORTE, *Sœur Sourire, brûlée aux feux de la rampe*, Paris, Plon, 1996, p. 47.

2. *Ibid.*, p. 34.

En effet, en 1957, le Vélodrome d'Hiver, temple des loisirs populaires, accueille sur scène un personnage qui détonne. Bien des artistes se produisent sur cette scène ; la surprise ne vient pas du fait qu'il soit chanteur. « C'est un prêtre. Il est venu tout seul affronter 7 000 personnes et les a soulevées d'enthousiasme. Pour la première fois, un homme seul, un homme vêtu d'une soutane, est venu chanter au Vel d'Hiv'. Cette épreuve sportive, si imprévue qu'elle soit, a été brillamment gagnée [...] parce que sa foi est chantante, simple, parce que du mal ne peut naître que du bien [1]... ». Trois ans plus tard, en 1960, le succès se poursuit : « “Le Guitariste du Bon Dieu” a fait salle comble [...] de nombreuses chaises ayant dû être installées sur la scène même, à quelques mètres du Père Duval [2]. » En 1972, *La Croix du Nord* dresse un bilan : « Plus de trois millions de disques vendus, plus de 1 500 récitals dans quarante-quatre pays [3]. » Un prêtre sur scène fait salle comble et vend de nombreux disques, au moment même où la variété explose en France et où le rock s'installe, captivant la jeunesse, dans un contexte d'une profonde recomposition de la société française : « Si le bourgeois, le paysan et le prolétaire disparaissent ensemble, nous entrons dans une société toute différente qui

1. Citation de *Point de Vue – Images du Monde*, reprise dans « Pour la première fois au Vel d'Hiv'... un homme seul », *Peuple de France*, 1er juin 1957. Je remercie vivement les archives dominicaines, franciscaines et jésuites pour leur accueil, et en particulier leurs trois responsables, Jean-Baptiste Auberger pour le fonds Didier Mouque, Jean-Michel Potin pour le fonds Maurice Cocagnac et Barbara Baudry pour le fonds Aimé Duval.

2. *La Voix du Nord*, 26 oct. 1960. Récital à Denain.

3. Pierre FARE, « Le retour du Père Duval. Une interview exclusive », *La Croix – Dimanche du Nord*, 11 juin 1972.

commence à se dégager de l'effondrement des grandes classes du XIXe siècle[1]. »

La chanson est « une composition brève de texte et de musique[2] ». Elle ne cesse de se développer depuis le XIXe siècle. Or au XXe siècle, « le champ musical en Europe et aux États-Unis s'est construit sur l'opposition entre une musique savante niant la répétition et une musique légère (musique populaire, musique de variété, chanson, etc.) répétitive[3] ». Composée d'éléments textuels et musicaux, la chanson a pour objet de divertir, ce qui explique sa dévalorisation par rapport à la musique savante et classique. Ce type de matériel musical est relayé au cours du XXe siècle par la radio puis par le disque. La variété aspire à toucher le public le plus large possible – car la diversité est une condition pour plaire au plus grand nombre. Elle participe des spectacles de music-hall et de cirque, où la richesse des accompagnements musicaux, au fil des différents tours d'artistes, mêle bien des apports.

Un prêtre chante et triomphe dans une salle de spectacle, alors que la musique de variété a mauvaise presse : quoi de plus antinomique que le divertissement et l'état de clerc ? Depuis le Concile de Trente, l'accent est mis sur un prêtre « livré aux autres [...] pour que son action soit efficace, il doit donner à ses ouailles l'exemple de la sainteté[4] ». La

---

1. Henri MENDRAS, *La Seconde Révolution française 1965-1984*, Paris, Gallimard, 1984, p. 54.

2. Franco FABBRI, « La chanson », in Jean-Jacques NATTIEZ (dir.), *Musiques. Une encyclopédie pour le XXIe siècle*, Paris, Actes Sud, 2003, p. 675.

3. *Ibid.*, p. 677.

4. Pierre PIERRARD, *Le prêtre français du Concile de Trente à nos jours*, Paris, Desclée, 1986, p. 15-16.

promotion d'un prêtre charitable, zélé, pieux, saint de vie exclut toute vie mondaine dans le siècle. « Un ecclésiastique doit être détaché du monde [...] Vous êtes par état consacrés au service de la majesté divine [...] il ne vous est donc pas permis de vivre en séculier et en mondain sans commettre une espèce de sacrilège [1]... ». Être prêtre serait inconciliable avec le statut de vedette de variété.

Après 1940, en France, le catholicisme se lance dans un effort d'apostolat tous azimuts. Il entre dans « la période de l'Église missionnaire [2] ». Dans la lignée de la seconde Action catholique, qui éclôt dans l'Entre-deux-guerres, les engagements sacerdotaux nouveaux promeuvent une action fondée sur un optimisme et une dynamique issue de la Libération, impulsée par une spiritualité christocentrée. Au sein de cette vague missionnaire, bien des figures nouvelles émergent, comme l'illustre à l'époque le projet des prêtres-ouvriers. À la fin des années 1950, les prêtres-chanteurs, qui appartiennent à des ordres religieux dont la mission est l'apostolat, incarnent une autre forme de mission dans le siècle. Ni les contemplatifs ni les prêtres de paroisse ne font des chanteurs populaires à un moment où la musique envahit la société, tandis que les méthodes de reproduction se développent. Alors que le public se passionne pour les interprètes français et yé-yé, des prêtres parviennent à capter une partie du public, triomphent dans des concerts et vendent des disques.

---

1. Adrien BOURDOISE, *Les Sentences ou Maximes chrétiennes et ecclésiastiques*, chapitre X, Bruxelles, 1670, p. 93, cité par Pierre PIERRARD, *Ibid.*, p. 24.

2. Joseph ROGÉ, *Le simple prêtre*, Tournai, Casterman, 1965, p. 133.

D'autres musiciens le reconnaissent : « Le ciel en soit loué, je vis en bonne entente/ Avec le Père Duval, la calotte chantante/ Lui, le catéchumène, et moi, l'énergumène/ Il me laisse dire "Merde", je lui laisse dire "Amen" », chante, en 1962, Georges Brassens dans les « Trompettes de la renommée », où il évoque les affres de la gloire et son amitié avec cet autre chanteur, bien que prêtre, Aimé Duval. Né le 30 juin 1918, le futur jésuite entre en 1930 à l'école apostolique de Florennes en Belgique, destinée à guider de jeunes gens pauvres vers la vocation religieuse au sein de la Compagnie de Jésus. Il est ordonné prêtre le 24 juillet 1949 dans la Province jésuite de Champagne, très investie dans le catholicisme social. Il y reste fidèle toute sa vie entre Reims, Dijon et Nancy. Devant l'émergence de la question sociale, l'Église promeut une réponse chrétienne et entend œuvrer à une reconquête sur le terrain social grâce à une nouvelle figure de curé d'œuvres, un prêtre missionnaire dont la vocation est "d'aller au peuple". Duval y développe son goût pour la musique et participe au chœur à l'église. Deux ans après, il chante en public ses premiers textes, qui, en 1945, sont publiés dans un recueil belge au titre évocateur, « Graine au vent ». Il loue une guitare et compose ses premières chansons religieuses en 1950 à l'occasion de camps de jeunes. En 1951, au collège de Reims, il organise une chorale. Missionnaire dans les cafés en 1953, il use du même instrument pour approcher les personnes présentes et établit ses thèmes de prédilection, la souffrance et la noblesse du travail, l'amour divin et humain, la justice et surtout l'humanité de Jésus-Christ. Il chante sa foi en apôtre. Le but premier est apologétique, convertir les païens, approcher les éloignés et soutenir les défaillants.

Conscient de l'imperméabilité de certains milieux au catholicisme, cet engagement est indissociable d'une apologétique qui aspire à se renouveler. Il s'inscrit aussi dans une politique missionnaire du catholicisme depuis les années 1930, un printemps de l'Église de France qui semble moins regarder vers le passé et plus vers l'avenir. Ce changement débute par une prise de conscience : la France est devenue – du moins dans certaines zones – un pays de mission. Le livre des abbés Godin et Daniel, publié en 1943, répand l'idée d'une inadéquation entre les structures paroissiales et les besoins de mission. Ni la paroisse ni l'Action catholique spécialisée ne parviennent à entraver la « déchristianisation », en particulier ouvrière. Ce renouvellement des formes missionnaires s'inscrit dans l'air du temps où « on peut distinguer dans l'effort apostolique contemporain trois périodes [...] la période œuvres, puis celle de l'Action catholique, enfin celle des mouvements missionnaires [1] ». Trois temps donc qui renouvellent les formes de l'apostolat ; les prêtres-chanteurs s'inscrivent résolument dans le temps du renouveau missionnaire. Le chant n'est pas absent des rites du christianisme : chants de la jeunesse rurale, ouvrière et étudiante, chants scouts où s'illustre César Geoffray, le futur fondateur des chorales « À chœur joie », chants de pèlerinage comme ceux écrits par le Père Deiss, spiritain, pour celui des étudiants à Chartres [2]. Ces productions ont un objectif interne alors

1. Adrien DANSETTE, *Destin du catholicisme français 1926-1956*, Paris, Flammarion, 1957, p. 464.

2. Dont le fameux *Dieu de tendresse et Dieu de piété*. Karine NIQUET, *Mémoire de Chartres. Le pèlerinage des étudiants 1935-1995*, Paris, Éd. du Cerf, 1995, p. 166-167.

que Duval et Cie chantent hors des églises et des temples, sur des scènes laïques où leur succèdent les chanteurs de variété du moment.

Le prêtre-chanteur est un fruit de cette recherche de nouveaux moyens pour annoncer le message chrétien. Au départ, la pratique musicale de Duval s'inscrit dans un contexte soit d'accompagnement de groupes chrétiens, de jeunes en particulier, soit d'apostolat auprès des milieux populaires, deux des axes de l'engagement des jésuites. À partir de 1954, les chansons du jésuite connaissent un succès qui se concrétise dans l'organisation de récitals en 1956, puis dans le pressage de disques, au moment où surgissent, en 1958, les « premières cohortes du Baby-Boom [1] ». Cette figure est un des signes du réveil apostolique du catholicisme français après la guerre. Si Aimé Duval est l'initiateur du phénomène, le jésuite n'est pas le seul à monter sur scène pour chanter Dieu et la foi. D'autres religieux ou religieuses s'engagent avec succès dans le chant [2], tels le franciscain Didier Mouque (1926-2007), « dont la renommée de chanteur est devenue mondiale [3] », les dominicains Maurice Cocagnac (1924-2006) et Sœur Sourire (1933-1985). D'autres, plus tard,

---

1. Jean-François SIRINELLI, *Les baby-boomers*, Paris, Fayard, 2003, p. 214.

2. En plus du franciscain québecois Bernard de Brienne, il existe aussi, par exemple, des groupes comme « Les petites Sœurs des Pauvres », des laïcs comme Pierre Selos d'inspiration JOC et JAC, Francine Cokenpot d'inspiration scoute (« Colchiques dans les prés »), et Marie-Claire Pichaud.

3. Annales Sainte-Claire, Reims, juin 1969, p. 89. Fonds des Clarisses de Reims.

poursuivent cet engagement à l'instar du prêtre du Prado Guy de Fatto (1925-2016).

Les prêtres-chanteurs inaugurent un personnage du show-business qui continue à prospérer depuis. D'autres – des boys bands surtout – connaissent toujours un certain succès tel le groupe « Les Prêtres », avec leur CD puis leur DVD « Spiritus Dei », produit par TF1, en 2010[1]. Ces gloires sont éphémères. Elles durent le temps d'une chanson ou d'un album. Mais elles se renouvellent. D'autres personnages surgissent, quelques religieuses malicieuses évidemment, quelques jeunes gens à la belle voix. Mais aucun ne fait carrière au-delà d'un ou deux disques et d'un tour de chant. Même le cinéma n'ignore pas le phénomène. Dans le médiocre *Christ(off)*, réalisé par Pierre Dudan en 2018, un prêtre haïtien met sur pied un groupe de prêtres-chanteurs, « les Apôtres », pour récolter des fonds pour un orphelinat. Ce retour récurrent de clercs chanteurs, avec plus ou moins de succès, dans le champ de la musique profane, interroge, même si on retrouve des traits communs. Ces hommes, surtout, chantent dans un

1. Ce disque, impulsé par Mgr Jean-Michel Di Falco Leandri, évêque de Gap et d'Embrun et ancien porte-parole de l'épiscopat, vendu à 800 000 exemplaires, aspire à financer une école à Madagascar (Antsirabe) et le sanctuaire de pèlerinage Notre-Dame du Laus. Dans l'introduction du DVD, Mgr Di Falco affirme que c'est après un voyage à l'école de Madagascar que l'idée lui est venue. Est-ce un héritage de Duval qui a beaucoup soutenu les missions à Madagascar ? C'est possible, mais le répertoire du groupe est largement d'église avec quelques chansons profanes d'inspiration religieuse (Brel), ce qui le différencie profondément de celui de Duval. Ce phénomène n'est pas spécifique au catholicisme. En 2021, le groupe des Prêtres orthodoxes mêle musique profane et sacrée.

but apostolique et charitable, et hésitent entre chanson profane à texte et musique religieuse.

Au sortir de la Seconde guerre mondiale, la France est un terrain d'expérimentation et un laboratoire d'idées pour le catholicisme. Si dès l'origine, des chrétiens usent des moyens culturels pour affirmer leur croyance, la diffuser, pour donner corps et sens à leur expérience spirituelle, cet apostolat induit à la fois une reconnaissance de la vocation de l'artiste et son devoir d'exalter la beauté de la création et la grandeur du Créateur. Dans de nombreuses situations quotidiennes, sacramentelles et imaginaires, le christianisme accorde une grande place aux arts, dont la musique. Or cette inclusion des arts les rend tributaires d'une orthodoxie dont le corps sacerdotal est le gardien. « Tout invitait donc le poète chrétien à imiter selon ces forces ce modèle, et à témoigner à son tour, par ses œuvres, en faveur de la vérité. [...] Voilà donc constituée une doctrine où la fonction du littérateur, ordonnée à la foi, est définie et prisée comme essentielle à la gloire de Dieu et à l'édification des hommes [1]. » D'autant que « la vocation pastorale est inscrite au cœur du christianisme qui met sur le même plan l'amour de Dieu et l'amour du prochain [2] ». Depuis le Concile de Trente, pour convaincre les hérétiques protestants [3], le catholicisme a développé une « pastorale de la

1. Paul BÉNICHOU, *Le sacre de l'écrivain 1750-1830 : essai sur l'avènement d'un pouvoir spirituel laïque dans la France moderne*, Paris, Corti, 1993, p. 13.

2. Nicole LEMAÎTRE (dir.), *Histoire des curés*, Paris, Fayard, 2002, p. 15.

3. Bernard DOMPNIER, *Le venin de l'hérésie. Images du protestantisme et combat catholique au XVIIe siècle*, Paris, Le Centurion, 1985.

séduction » où l'art et les œuvres ont toute leur place. Cette mise en scène de la foi catholique devait convaincre et obtenir l'adhésion des spectateurs.

Longtemps donc, les clercs ont jugé les arts non selon des critères esthétiques mais selon des arguments doctrinaux et moraux. L'abbé Louis Bethléem rappelle que « les exigences de l'âme passent avant celle de l'art[1] ». Or l'époque contemporaine défend une définition de la valeur esthétique relativement indépendante des pressions politiques, économiques et morales. Elle affirme obéir à ses propres lois, qui mettent les œuvres en tension avec les exigences du religieux, où le message prime. L'autonomisation des arts touche autant la fiction et la peinture que la musique. Pour répondre à l'autonomie croissante du champ littéraire, les catholiques promeuvent la figure de l'écrivain qui tente de concilier une écriture inspirée par la foi et la reconnaissance du milieu littéraire, rejetant toute écriture commandée par une idéologie ou une Église[2].

Le prêtre-chanteur est hanté par des enjeux proches. La musique n'est pas proscrite des églises, elle n'a pas cessé d'accompagner la vie religieuse[3]. Elle appartient encore davantage à l'horizon croyant que la littérature, en participant de la vie sacramentelle et des festivités. La production musicale est abondante, mais reste une musique

---

1. Louis BETHLÉEM, *Romans à lire, romans à proscrire*, Paris, Édition de la Revue des Lectures, 1928, p. 9.

2. Frédéric GUGELOT, *La messe est dite*, Rennes, PUR, 2015.

3. Théodore Joseph DE VROYE et Xavier VAN ELEWYCK, *De la Musique religieuse, les Congrès de Malines (1863 et 1864) et de Paris (1860), et la législation de l'Église sur cette matière*, Paris, Lethielleux, 1866, VIII-380 p.

spécifiquement d'église. Comme tout art chrétien, elle doit exprimer des idées chrétiennes et, par conséquent, traduire la foi et le sentiment religieux. L'Église lui accorde une place importante dans l'accompagnement des offices. Ainsi a-t-elle toute sa place dans la liturgie, la pratique catholique et les lieux de culte[1], d'autant que la musique religieuse au XXe siècle s'est renouvelée sous l'impulsion de jésuites comme le Père Didier Rimaud, le P. Joseph Gélineau, qui publie de nombreuses adaptations de psaumes et cantiques, des franciscains comme Séraphin Berchten ou de spiritains comme le Père Lucien Deiss.

La réhabilitation du chant et de la musique d'Église est liée depuis le milieu du XIXe siècle au renouvellement de la liturgie. Longtemps la pratique sérieuse et de grande piété n'a pas été attentive aux chants et à leur nécessité. Une tradition ascétique ne lui accorde que peu d'importance dans l'expérience spirituelle des chrétiens : la musique doit louer Dieu, sanctifier et édifier les fidèles. Un *motu proprio* de Pie X en 1903 veut réaliser « l'intégration plénière des actions musicales à l'action liturgique[2] ». Le texte promeut une forme spécifique de musique sacrée, la musique grégorienne et la musique palestrinienne au détriment d'autres sources d'inspiration. Trois critères sont dégagés pour qu'une musique convienne au culte : la

1. Introduire cet art ambivalent dans les sanctuaires fait débat depuis longtemps. Fanny GRIBENSKI, *L'Église comme lieu de concert*, Arles, Actes Sud, 2020, p. 20.

2. Jean-Yves HAMELINE, « Le *motu proprio* de Pie X et l'*Instruction sur la musique sacrée* (22 novembre 1903) », *Sur le culte divin et la musique*, Turnhout, Brepols, 2020, p. 733 et « Chant à l'église : histoire récente, histoire actuelle », p. 783.

sainteté, la beauté des formes, l'universalité. Le texte ajoute : « On n'admettra dans l'église que celles (musiques modernes) qui ne contiennent rien de profane[1]. » Au sein du temple, une musique a toute sa place en servante du culte, pour ce faire, « l'Église a étroitement surveillé ce qui entrait dans la liturgie[2] ». Elle n'est envisagée que dans le cadre du temple dont elle ne doit ébranler ni la sainteté ni la dignité. L'opposition est donc marquée : la musique a toute sa place dans les églises, mais une musique élitiste et destinée à accompagner les sacrements. Ce texte prohibe le chant mondain et profane. Mais la porosité entre les répertoires n'empêche pas la mélodie profane d'entrer dans les musiques d'églises. Simplement le rejet des sons profanes, de la valse ou du music-hall par exemple, est sans cesse rappelé. Le texte reconnaît néanmoins « le plaisir que la musique produit directement », d'où le risque qu'elle comporte. L'encyclique *Musicae Sacrae Disciplina* de Pie XII en 1955 réaffirme d'ailleurs la place de la musique comme servante de la liturgie[3]. Le grégorien est de nouveau considéré comme la musique par excellence du culte[4].

---

1. PIE X, *Motu proprio* « Tra le sollecitudini », 22 novembre 1903.

2. Solange CORBIN, *L'Église à la conquête de sa musique*, Paris, Gallimard, 1960, p. 268.

3. Olivier LANDRON, *Le catholicisme français au rythme du chant et de la musique (XXe-XXIe siècles)*, Paris, Parole et silence, 2014, p. 134-135. Le texte reconnaît néanmoins la valeur des cantiques populaires et leur usage catéchétique : « La mélodie de ces chants [...] en langue vernaculaire s'imprime dans la mémoire presque sans effort ni travail et, en même temps [...], les airs et les mots et les idées pénètrent l'esprit ». Cité par LANDRON, *op. cit.*, p. 135.

4. Jean-Yves HAMELINE, *Le Chant grégorien*, Paris, Presses d'Ile-de-France, 1961.

Le mouvement liturgique, qui se développe autour du Centre de pastorale liturgique fondé en 1943 dans la mouvance dominicaine, veut retrouver, une fois encore, la pureté des origines pour favoriser la participation des fidèles aux offices. Les chants d'accompagnement proposés sont souvent des passages bibliques mis en musique sur des mélodies faciles à retenir mais qui ne doivent pas s'inscrire dans l'air du temps. Les difficultés ne viennent pas seulement de l'institution : elles surgissent parfois chez les fidèles, peu habitués à la présence de la musique dans l'office. L'enquête du Père Pin dans une paroisse de Lyon note que la question des chants est « une pomme de discorde[1] » parmi les messalisants : 29 % d'entre eux y sont opposés, estimant que ces chants constituent un obstacle à un vrai recueillement et sont trop proches des pratiques protestantes[2]. La musique et le chant ne sont pas si présents dans l'office et l'extension de leur usage se heurte aussi à des réticences[3]. 71 % des paroissiens estiment que le chant fait communauté, même si certains déclarent que « les chants populaires, cela fait vulgaire[4] ».

1. Émile PIN, *Pratiques religieuses et classes sociales dans une paroisse urbaine. Saint-Pothin à Lyon*, Paris, Spes, 1956, p. 337 : « Passerait encore si l'Équipe sacerdotale se contentait de parler (hélas !), de chanter (deux fois hélas !), mais elle prétend nous contraindre à chanter nous-mêmes ».

2. « Je désire que les lectures, les chants et autres "trouble-messe" soient non pas modifiés, mais supprimés. » (*Ibid.*, p. 339). « Au moment de la communion, les chants empêchent le recueillement surtout quand on vient de recevoir le Bon Dieu. » (*Ibid.*, p. 340).

3. C'est vrai aussi au sein de la société, nous sommes avant la sonorisation des commerces, ascenseurs et plages.

4. Émile PIN, *op. cit.*, p. 341.

Néanmoins, le fidèle qui rejette ces chants reconnaît, dans le même temps, l'attractivité de la musique : « Les gens s'écoutent chanter, mais ils sont contents [...] ils ne s'ennuient pas comme cela. C'est pour cela qu'ils viennent nombreux, chanter, chanter... c'est plus gai [1] ! ». Dans son enquête sur le malaise des catholiques publiée en 1966, Folliet signale que de nombreux courriers se plaignent encore du manque de silence lors des offices : « On regrette aussi l'excessive abondance des cantiques. "Tous ces cantiques pendant l'offertoire et surtout pendant la communion des fidèles sont insipides [...] Oui à la messe en français, à la messe religieuse, mais pas à la messe en Gélineau 100 %" ». Folliet reconnaît que, pour les psaumes, « l'abus les rend odieux – et l'on en abuse souvent pour "meubler" la messe et occuper les fidèles pendant les offices. Reste encore qu'ils sont souvent mal chantés [2] ». Clercs et fidèles sont déchirés entre la communion en musique et le risque du divertissement.

L'Église entretient donc une position ambigüe face à la musique, louant sa participation au culte, encadrant son usage, rejetant tout son d'origine populaire et de variété. Qu'allait donc faire sur scène Aimé Duval et consorts au tournant des années 1950-1960 ? L'apparition de prêtres-chanteurs de variété produit une double rupture. Ils interviennent hors de la liturgie et des rites et même hors des églises. Leur répertoire s'inspire des scènes de l'Évangile ou des paraboles de Jésus mais n'est pas une musique d'office.

---

1. *Ibid.*, p. 341.

2. Joseph FOLLIET, *La Maladie infantile des catholiques français*, Lyon, Chronique sociale de France, 1966, p. 118-119.

Ces chanteurs en soutane font le choix de participer au champ musical laïc, de sortir des lieux de culte pour toucher un public plus large que celui des fidèles venus à la messe. Ils n'oublient pas de psalmodier, de louer Dieu, mais s'attachent à le faire dans des circonstances, des lieux et avec des méthodes qui les rapprochent du divertissement. Or, le spectacle risque de distraire de la quête du salut et de la crainte de la mort qui nous guette.

PREMIÈRE PARTIE

SORTIR DU TEMPLE

Si l'engagement dans la chanson de Duval, Cocagnac et Mouque surprend, la polémique porte non sur leur volonté missionnaire, mais sur le choix du média. En effet, l'efflorescence du prêtre-chanteur s'inscrit dans un moment du catholicisme français où, après le constat d'une « déchristianisation » croissante, l'Église réagit en multipliant les tentatives missionnaires nouvelles. Face à une religion paroissiale, dévotionnelle et hiérarchique, des prêtres, des religieux et des militants imputent l'échec de l'apostolat aux méthodes en contradiction avec les mentalités modernes. Ils proposent alors une voie missionnaire d'inspiration christique : « Une civilisation nouvelle s'enfante sous nos yeux. Partout on voit de profondes transformations qui s'opèrent dans les structures sociales comme dans les esprits. [...] Il faut, en face de cette société, sous peine de la voir se paganiser pour des siècles, des prêtres soucieux de la baptiser et d'opérer entre elle et le christianisme une synthèse qui nous vaudra une nouvelle chrétienté[1]. » Plusieurs tentatives novatrices émergent. Certaines échouent ; le séminaire de la Mission de France est fermé en 1953, or la figure du prêtre-chanteur s'inscrit dans les essais de renouvellement sacerdotaux et apostoliques d'après la Seconde guerre mondiale. Les trois

1. Louis AUGROS, *La Mission de France*, Éditions des Annales de Sainte-Thérèse de Lisieux, 1945, p. 22.

prêtres-chanteurs partagent la préoccupation d'un monde qui n'est plus chrétien et une attention vive à la misère et à l'injustice. Ils promeuvent un humanisme chrétien, l'amour, l'amitié, le don de soi, un monde harmonieux et fraternel parce que chrétien. « À notre époque où règnent l'angoisse et la confusion, le bruit et la fureur, n'est-il pas bon que jaillisse lumineuse, apaisante, juvénile, la voix d'une contemplative [1] », note la promotion de Sœur Sourire. Le message de fraternité, de joie et d'espérance avec bonne humeur et un entrain communicatif offre réconfort et détachement par rapport à la vie matérielle. Créé en 1943, le Centre de la pastorale liturgique se donne au même moment pour ambition un renouveau liturgique, notamment dans la musique. Cela encourage la création de la collection « Chants de lumière » chez Philips, qui accueille la dominicaine et le franciscain Didier Mouque. Renouvellement des méthodes et aspirations missionnaires se mêlent.

Ainsi, ces chanteurs participent parallèlement d'une société du spectacle en plein essor. « Toute la vie des sociétés dans lesquelles règnent les conditions modernes de production s'annonce comme une immense accumulation de spectacles [2]. » La singularité de leur présence sur scène suscite une vive controverse, alors que leur statut sacerdotal est un facteur essentiel de leur attractivité.

---

1. R. P. ROGUET o.p., Directeur du Centre de Pastorale Liturgique, Verso du disque *Sœur Sourire*, 33 t., Philips B14.081 R, 1962.

2. Guy DEBORD, *La Société du spectacle*, Paris, Gallimard, 1992, p. 15.

1

De la mission à la chanson

En 1959, Sœur Sourire définit le rôle de ces clercs-chanteurs dans sa triomphale chanson « Dominique » : « S'en allait tout simplement / Routier, pauvre et chantant / En tous chemins, en tous lieux / Il ne parle que du Bon Dieu ». Le prêtre-chanteur proclame Dieu en le chantant. La justification constante de ces clercs pour interpréter leurs chansons hors des églises est de porter la parole de Dieu au plus grand nombre – telle est la mission des ordres religieux auxquels ils appartiennent. Le franciscain D. Mouque lance sa carrière en participant à un concours de chant publicitaire pour financer son voyage missionnaire au Togo. Le P. Duval veut toucher un public que l'institution ecclésiale n'atteint plus, qui ne participe pas à la messe, d'abord dans les cafés puis dans les salles de concert. « Traditionnellement, les missions apportent la bonne nouvelle à des "populations qui l'ignorent" là où l'Église n'est pas établie [1]. » L'esprit missionnaire se déploie dans des vieux pays de chrétienté, non de l'intérieur vers l'extérieur mais de l'intérieur vers l'intérieur. Les tentatives

1. Adrien DANSETTE, *op. cit.*, p. 141-142.

missionnaires nouvelles visent les éloignés de la foi, ouvriers et jeunes, qui ne fréquentent plus les églises. En août-septembre 1946, la revue *Esprit* publie une enquête, largement inspirée par la Mission de France, « Monde chrétien, monde moderne » autour de questions : « Que pensez-vous du fossé qui s'est établi entre le monde chrétien et le monde moderne ? Comment s'est-il formé ? Que devient-il ? Comment voyez-vous les solutions qui ont été tentées pour le combler ? Que pensez-vous qui soit à tenter[1] ? ». Le foisonnement missionnaire d'après-guerre s'inscrit dans le passage de la reconquête au profit de la mission, mission qui est aussi « le moyen d'adapter l'Église au monde moderne[2] ». Des prêtres-ouvriers aux prêtres-chanteurs, il y a une filiation, celle d'un monde détaché qu'il faut christianiser. Cette aspiration est partagée par les multiples tentatives, à l'exemple de la mission ouvrière jésuite : « Nous voudrions présenter le Christ aux masses [...] Le premier souci serait de comprendre la mentalité ouvrière, de connaître vraiment le milieu par le dedans [...] La méthode d'apostolat naîtrait ensuite d'elle-même[3]. » Une certaine acculturation est recherchée. Tous partagent le constat dressé par Mgr Suhard : « L'ensemble de nos populations ne pense plus chrétien [...] pour les atteindre, il faut sortir de chez nous et aller chez

1. Tangi CAVALIN et Nathalie VIET-DEPAULE, *Une histoire de la Mission de France*, Paris, Karthala, 2007, p. 61.

2. *Ibid.*

3. « Pour un apostolat d'équipe auprès des ouvriers », Lettre aux provinciaux, 16 avril 1944. Cité dans Noël BARRÉ, *Jésuites et ouvriers. La mission ouvrière jésuite de 1944 à la fin des années 1990*, Paris, Karthala, 1994, p. 35-36.

elles [1]. » Quelques prêtres, surtout des prêtres-ouvriers de la Mission de Paris, incarnent alors l'effervescence apostolique du catholicisme, reflet d'une galaxie réformiste qui aspire à adapter l'Église au monde moderne, rapidement confrontée à un raidissement idéologique et à une reprise en main de l'institution, il est vrai dans un contexte de guerre froide où les accointances réelles ou supposées avec le Parti communiste inquiètent Rome. Dans une inversion évocatrice, sort en 1950 sur les écrans un film intitulé *Dieu a besoin des hommes*, librement inspiré du roman d'Henri Queffélec, paru en 1944, *Un recteur de l'île de Sein*. À la fin du XVIe siècle, un modeste pêcheur de l'île de Sein remplace petit à petit le prêtre absent, préside les assemblées de prières, chante les litanies, confesse, baptise et célèbre sa première messe. L'évêque envoie un prêtre consacré et des soldats. L'homme se soumet, mais l'évêque accepte de l'ordonner : « C'est un homme dans le genre de saint Pierre, qui a cessé de pêcher des poissons pour pêcher des hommes. C'est un homme qui aime les autres et qui dirige les autres. Il prend soin de sa paroisse comme un paysan d'une ferme, comme un berger de son troupeau. Il connaît les besoins des siens, il cherche le bonheur [2]. » Ce roman trouve un large public. Si la fiction accorde aux laïcs une autonomie accrue, celle-ci est le fruit des circonstances exceptionnelles – que la guerre avait générées – et la résolution est toute d'Église, quand le pêcheur devient prêtre alors que l'évêque entérine le choix des habitants.

1. Mgr SUHARD, *Carnets*, cité par Adrien DANSETTE, *op. cit.*, p. 145.

2. Henri QUEFFÉLEC, *Un recteur de l'île de Sein*, Paris, Le Livre de Poche, 1963, p. 170.

Or le film, par son titre, insiste sur l'engagement des hommes, inspirés par l'Évangile à être apôtres de leur temps. Le cinéma a quitté ses habits populaires des années 1920 pour entrer dans un temps d'approfondissement qui se prête, selon Amédée Ayfre, à des questionnements plus philosophiques et spirituels : « Parallèlement à ce déploiement spectaculaire des fastes extérieurs du christianisme, certains hommes se sont efforcés, avec plus ou moins de bonheur, d'évoquer son âme, à partir des drames intérieurs de la sainteté ou du péché, comme l'avaient fait antérieurement et comme le font toujours le roman, le théâtre ou l'histoire[1] ». Il s'agit de rendre à l'homme sa dimension spirituelle. Lors d'un débat public sur le film, au Centre catholique des intellectuels français, dont l'objet est de questionner l'enjeu de la sécularisation pour le catholicisme[2], l'intervention de l'abbé Rétif, prêtre d'une paroisse ouvrière de banlieue, souligne la portée universelle et intemporelle de l'œuvre : « L'île de Sein, à l'époque où se situe le film, est un pays de mission, comme la France d'aujourd'hui dans ses centres industriels et ses campagnes déchristianisées[3]... ». En 1954, Henri Queffélec en témoigne dans un essai où il répond à la crise déclenchée par la condamnation des prêtres-ouvriers en faisant appel tant à l'obéissance qu'à la reconnaissance d'autres voies :

---

1. Amédée AYFRE, *Le cinéma et la foi chrétienne*, Paris, Fayard, 1960, p. 7.

2. Claire TOUPIN-GUYOT, *Les intellectuels catholiques dans la société française. Le Centre catholique des intellectuels français (1941-1976)*, Rennes, PUR, 2002, p. 113.

3. Éric AUPHAN, « Histoire d'un film », *Cahiers Henri Queffélec*, n° 2, p. 49.

« L'apostolat contemporain va dans cette lancée. Il s'agit de connaître et de comprendre l'époque où nous vivons, non pour sacrifier à des mœurs changeantes la pérennité du dogme, mais pour approprier la nourriture spirituelle à ceux qui doivent la recevoir. Il faut arriver à établir entre les hommes et l'Église le climat de familiarité, de confiance, qui existait, aux plus belles heures de l'Évangile, entre le Christ et les foules [1]. »

Ce climat de familiarité et de confiance est aussi revendiqué par le prêtre-chanteur Aimé Duval. La chanson apparaît alors comme le moyen efficace pour créer cette complicité entre le Christ et les foules. En effet, fils d'un soldat devenu paysan, le P. Duval incarne par son engagement auprès d'un public populaire cette transition du monde des campagnes au monde des villes que le catholicisme tente de christianiser. « Le déclin de l'Église catholique s'explique en grande partie par la disparition de la paysannerie [2] », rappelle Henri Mendras. Les multiples surnoms que donne la presse au prêtre-chanteur dévoilent néanmoins l'ambiguïté du personnage, les journalistes hésitent et les dénominations fleurissent : « le troubadour du Seigneur », « le colporteur du Bon Dieu », « le guitariste du Seigneur », « le Bécaud de la Foi », « le guitariste de Dieu », « le Brassens en soutane », « le Missionnaire en chanson ». Deux types de références dominent qui, soit mettent en avant l'interprète de la figure médiévale du troubadour, soit l'homme de Dieu, le croyant. Dans une

1. Henri QUEFFÉLEC, *Le jour se lève sur la banlieue*, Paris, Grasset, 1954, p. 23.

2. Henri MENDRAS, *op. cit.*, p. 114.

interview de 1960, Duval les rejette tous et en propose d'autres : « l'Ami des Gens... ou encore le Chantre de la Vie [1] ». Au début de sa carrière, celui-ci se revendique plus franchement missionnaire ; son discours évolue ensuite. Si la mission subsiste, sa teneur a changé : elle est plus de l'ordre du témoignage que de la conviction. « Mes chansons, dit-il, ne sont pas des vérités assénées avec autorité, ce sont des témoignages de joie sur ce que je sais vrai : unité du monde, Dieu dans les choses, espérance du monde [...] Pour me résumer, je vous dirai que mes chansons n'arguent pas, elles témoignent [2]. » Le succès auprès du public est réel et tous les échos convergent. « J'ai senti combien l'auditoire a vibré avec vous. Leurs cœurs étaient largement ouverts à vos paroles. Vous avez semé le bon grain qui portera des fruits. Je prie le Bon Dieu de vous donner les forces nécessaires pour continuer un apostolat si fécond, parce que parfaitement adapté à la mentalité moderne [3] », lui écrit un ancien professeur.

L'avis d'un spécialiste est toujours le meilleur. Mgr Piérard, évêque de Chalons, ardent promoteur de nouvelles formes d'action pastorale, en particulier de l'Action catholique, écrit au Provincial jésuite de la Province de Champagne, le P. Misset, après avoir assisté à un tour de chant du P. Duval : « Quant au récital lui-même, il est vraiment bouleversant ! Avec une familiarité qui n'est jamais triviale, le Père accroche son monde, tout son

1. « Les chansons du Père Duval », *Cahiers*, 1er mars 1960, p. 159.

2. Yvon Beaugier, « Le Père Duval chantre de la vie », *Radio. Cinéma. Télévision*, 28 février 1960.

3. Lettre d'A. Brunner au P. Duval, Munich, 9 janvier 1960.

monde... et il lui donne le Seigneur ! Il rend Dieu présent à son auditoire [...] Hier et aujourd'hui ne cessent d'arriver des échos qui expriment encore l'émotion ressentie, le choc spirituel éprouvé... Le Père Duval est un remarquable missionnaire [1]. » Faut-il qu'on en doute pour qu'il faille sans cesse le réaffirmer ? Les tours de chant se multiplient : « L'actuel programme prévoit en novembre : 4 novembre Limoges, 7 novembre Tours (mission), 12 novembre Tours (mission), 14 novembre Limoges, 20 novembre Université Nancy, 8 décembre Londres. Il semble donc que les deux concerts, Madrid et Québec, puissent se situer entre le 20 novembre et le 8 décembre – mais il faut voir si ces dates conviennent aux organisateurs [2]. » Tour de France et voyages internationaux illustrent ce succès.

Celui-ci ne suffit pas à justifier la voie choisie par ce missionnaire. Dans une lettre au Provincial du 7 août 1957, le jésuite légitime ce nouveau sacerdoce. Aux trois vœux que le postulant prononce pour devenir jésuite, pauvreté, chasteté, obéissance, Duval commence par le dernier : « 1° Un problème d'obéissance. Vous m'avez

---

1. Lettre de Mgr Piérard, évêque de Chalons, au R. P. Provincial, le 12 février 1960. Fonds Duval. Sauf mention contraire, toutes les sources en lien avec A. Duval proviennent de ce fonds.

2. Lettre du P. Lepoutre au P. Misset, 16 juillet 1958. Le Père Misset est le Provincial de la province de Champagne, le Père Pillain, « supérieur majeur », est le Provincial de tout le territoire de France qui réunissait les quatre Provinces de Paris, Champagne, Lyon et Toulouse. L'ensemble est unifié depuis 1976 en Province de France. Aimé Duval réside à Nancy, le Père D'Haene est le Supérieur de cette communauté de Nancy et le Père Lepoutre en est le Ministre, le bras droit du Supérieur qui souvent gère l'administratif et le financier, l'accueil des invités....

mis à Nancy pour être missionnaire et pas pour faire de la musique. Dans ma tête, les deux choses se concilient assez bien, mais je ne serai tranquille que lorsque vous m'aurez permis de faire ces chansons, de les chanter et de jouer de la guitare. Je les chantais dans les salles de conférences de café à l'occasion des missions, dans les maisons de retraite et collèges à l'occasion des retraites. Faut-il continuer[1] ? ». Un rappel permet au Père d'expliquer qu'il chantait déjà, mais que la nouveauté est le passage au récital. L'évolution du P. Duval, le déplacement du cadre de la mission (apostolat et retraite) à celui du témoignage, apparaît comme un reflet des tentatives et interrogations des espoirs missionnaires de l'Église de France après la Seconde guerre mondiale.

> Devant le succès spirituel de cet apostolat, je me suis laissé entrainer à donner des concerts dans les salles. Concerts de 2 ½ à 3 heures, où je chante en les commentant, mes chansons et celles qui me semblent apporter quelque chose du point de vue chrétien [...] mis à part les kermesses que je refuse parce que c'est surtout de l'exhibition, les séances en salles semblent avoir un succès spirituel énorme, si j'en juge par les réflexions des curés (« C'est votre meilleur sermon », m'ont-ils dit souvent), par les lettres des chrétiens qui disent avoir retrouvé le goût de la prière et retrouvé la foi, par les lettres des non-chrétiens qui se disent touchés par la sincérité de ma croyance, par la proximité de prêtres qui osent ainsi parler et chanter comme eux[2].

---

1. Lettre de Duval au R. P. Provincial, Le Puy, 7 août 1957.
2. *Ibid.*, 7 août 1957.

Dans cette lettre de justification, Duval livre les arguments qui peuvent confirmer son sacerdoce, soulignant son efficacité, y compris auprès des tièdes et des non-croyants. Selon lui, il ne sort pas de son rôle de prêcheur, son apostolat diffère par la méthode, le spectacle et la chanson. Il précise leur valeur chrétienne, leur impact spirituel. Néanmoins, des risques demeurent : l'éphémère du divertissement et le danger de privilégier l'esthétique au détriment du message.

L'art de la prédication chez Duval combine chanson et prise de parole. En effet, le tour de chant est agrémenté de commentaires par l'interprète : « C'est un prêtre qui parle et chante. En mots brefs, il explique le sens d'une chanson, d'un couplet dont les allusions évangéliques ne sont pas "devinables" bien souvent par le public ordinaire [1]. » Mgr Maillet, fondateur et directeur des Petits Chanteurs à la Croix de Bois, qui sont célèbres au même moment et enchainent les tournées à l'international, ne faisait pas autrement durant les concerts et récitals de la manécanterie [2]. Les commentaires doublent la chanson, l'éclairent et en livrent une lecture spirituelle. Didier Mouque aussi : « Outre ses 12 chansons, il vous raconte quelques bonnes histoires avec un humour très particulier [3]. » Il n'y a pas d'émotion musicale sans une écoute. Duval l'a créée doublement. Par la musique, il génère un espace et un

1. Lettre du R. P. J. Motte de l'ICAM au R. P. Misset, 27 mars 1957.

2. Jean ROLLAND, *Monseigneur Maillet et les Petits chanteurs à la croix de bois*, Paris, Éd. du Cerf, 2001.

3. Paul GUIOT, verso de Père DIDIER, *Père Didier n° 4*, Philips B77 730 L, enregistré en public au Gaumont Palace.

moment pour que passe le message religieux, d'inspiration évangélique. L'émotion vient autant de la mélodie que de la teneur des mots. Musique et voix se mêlent et le ton de la confidence à la fois interroge, autorise l'expression personnelle et produit une réflexion spirituelle. Les spectateurs sont de ce point de vue unanimes. Les clercs, qui accueillent le chanteur, affirment l'efficacité de la méthode Duval auprès du Provincial de Champagne, qui les interroge tous tant sur le succès du concert que sur la santé de l'interprète. De même, les journalistes qui assistent au spectacle, car c'en est un, reconnaissent la capacité du prêtre à produire des moments d'émotions bouleversants. C'est par ce biais qu'il espère sensibiliser le public et entraîner l'adhésion. À aucun moment, il n'évoque le modèle protestant évangélique. Ainsi Billy Graham, qui réalise son premier tour européen dès 1948 [1], n'est jamais cité alors que la musique est profondément associée à la prédication du prêcheur ambulant. Dès 1957, lors de la Croisade de New York, celui-ci recrute des artistes dont Ethel Waters et mobilise 300 choristes lors de sa « Paris Crusade », en 1963, au Bercy Sports Stadium [2]. Si le gospel domine, un mix remarquable de genres musicaux est utilisé pour attirer la jeunesse et délivrer le message évangélique [3].

---

1. William MARTIN, « God's Ambassador to the World », in Andrew Finstuen *et alii* (ed.), *Billy Graham. American Pilgrim*, Oxford University Press, 2027, p. 84.

2. William MARTIN, *A Prophet with Honour. The Billy Graham Story*, Grand Rapids, Zondervan, 2018, p. 309.

3. Edith L. BLUMHOFER, « Singing to Save. Music in the Billy Graham Crusade », in Andrew Finstuen *et alii* (ed.), *op. cit.*, p. 73.

L'insistance des journaux sur le succès populaire montre bien que le registre en actes n'est pas l'esthétique (la qualité du chant et des textes) mais la célébration offerte. Ces prêtres-chanteurs attirent aussi parce que leurs récitals est une communion. Ainsi mettent-ils en musique la vieille séparation Église enseignante/ Église enseignée, au moyen d'un nouveau support. Les prêtres-chanteurs occupent une position médiatrice.

2

« Ce genre un peu insolite de ministère [1] »

« Nous sommes au temps où les religieux se mettent à chanter en public : jésuite, dominicain, franciscain [...] Après tout, cette forme de prédication en vaut bien d'autres. Je serais même tenté de dire, après de longues et douloureuses expériences d'auditeur passif, qu'elle vaut mieux que beaucoup d'autres [2]. » Les prêtres-chanteurs qui marquent le tournant des années 1950-1960 appartiennent à des ordres religieux dont la mission principale est l'apostolat. Didier Mouque entre au noviciat des Franciscains en 1947. Né le 25 janvier 1926 à Hazebrouck, il est ordonné en 1954 et part au Togo de 1956 à 1961. Revenu en France, il participe au CPMI, Centre de la pastorale des missions à l'intérieur, et commence une carrière de chanteur-auteur-compositeur. Bien des traits le rapprochent de Duval : il est un religieux qui réalise des concerts et enregistre des disques chez un major. Son

1. Lettre du R. P. Général J. B. Janssens au R. P. Misset, Rome, 18 février 1958.

2. Joseph FOLLIET, Verso du disque *Le Père Didier*, Philips B76 537 R.

iconographie et ses thèmes sont proches de celui du jésuite. Par la suite, Mouque se consacre surtout aux pèlerinages en Terre-Sainte et devient le principal animateur des croisières St Paul en Méditerranée à partir de 1975 [1]. Tandis que Duval sécularise son action pour élargir son public, le franciscain diversifie ses activités et mobilise la chanson pour l'encadrement spirituel et l'accompagnement des fidèles. Pour justifier son engagement dans le chant, Joseph Folliet en appelle à la tradition franciscaine : « Peut-être certains s'étonneront de voir les religieux proclamer en chanson leur foi et leur espérance. Mais ils connaîtraient bien mal leur histoire si leur étonnement, voir leur léger scandale n'épargnait pas les Franciscains, car la tradition de saint François est chantante. Le Petit Pauvre d'Assise n'attirait-il pas les foules [...] en leur chantant [...] dans une langue qu'ils pouvaient tous comprendre le Cantique du Seigneur et de ses créatures [2] ? ». De même Sœur Sourire rappelle combien le fondateur des Dominicains est « chantant ». L'insistance sur le rôle du chant chez les deux fondateurs justifie l'engagement des deux chanteurs. Ils renouvellent une tradition, ils n'innovent pas. Au sein de l'Église catholique, la référence à la tradition rend acceptable une nouveauté, même apostolique.

---

1. Geneviève HONORÉ-LAINÉ, Tugdual MAGUEUR, Christian EUGÈNE (avec la collab. de l'abbé Omer Englebert, du P.J.M. Abd El Jalil, O.F.M., du P. Pierre Lenhardt, et des Compagnons de saint François), *Vers toi, Terre promise*, Paris, Éd. franciscaines, 1971, 192 p. Mouque fournit un livre de chants et de prières pour les pèlerins à ce guide spirituel de Terre sainte.

2. J. FOLLIET, *op. cit.*

Le dimanche 30 octobre 1960, l'émission de télévision « Le Jour du Seigneur » consacre un moment aux « Chansons d'aujourd'hui » : « Chaque jour, la radio et la télévision diffusent en moyenne 804 chansons. La chanson a pris dans la vie quotidienne une importance considérable, mais que disent ces chansons ? Sont-elles meilleures que celles d'il y a 50 ou 10 ans ? Nous aident-elles à vivre ? À ces questions répondra Jacques Charpentreau, auteur d'un livre récent sur la chanson, – Le Père Louvel, dominicain, sera invité à donner son avis : la chanson d'aujourd'hui a-t-elle une valeur religieuse[1] ? ». Le numéro liste les interprètes cités : Georges Brassens, Édith Piaf, Charles Trénet, Jacques Brel, et aussi le Père Duval et le Père Cocagnac.

Issu comme Duval du monde de l'annonce de la foi et de l'accompagnement des chrétiens dans l'approfondissement de leur foi, Cocagnac fait aussi le choix d'un renouvellement de l'apostolat par la chanson. Pour le dominicain, c'est à l'occasion d'un pèlerinage d'artistes : « Un soir à Assise, nous étions un groupe de pèlerins comédiens et musiciens, le Père Cocagnac a emprunté une guitare et nous a chanté ses chansons. Elles nous ont semblé si remplies de sa foi rayonnante, et aussi de sa fantaisie et de son esprit, que nous lui avons demandé de les enregistrer[2]. » Maurice Cocagnac (en religion frère Augustin), né le 20 juin 1924, prend l'habit dominicain le 23 septembre 1945. Il est ordonné prêtre le 15 juin 1951. Les dates sont proches de celle de Duval, à peine

1. *La semaine Radio Télé*, 30 octobre au 5 novembre 1960.

2. Jean-Pierre HAN, « Au pays de Cocagnac », *Témoignage Chrétien*, 5 juin 2003.

plus âgé que lui. Codirecteur de la revue *Art sacré* de 1954 à 1969, il succède au Père Carré comme aumônier de l'Union catholique du Théâtre et de la Musique. Le milieu ne lui est donc pas étranger. Pourtant, tant le registre que la cible diffèrent profondément de ceux du jésuite. Entre 1957 et 1958, il livre trois disques de « Chansons bibliques » chez Lumen avec un livret publié par le Cerf, donc au sein du monde des publications catholiques. Comme l'indique le titre, la première différence est le type de chanson. Cocagnac s'inspire directement de l'histoire biblique dont il met les principaux épisodes en chansons (à l'exemple de « Abraham », et « ô doux pays de Canaan »). Le baryton Pierre Bernac[1] les définit ainsi : « Ce ne sont pas des chants liturgiques, mais de véritables "chansons" qui paraphrasent les textes bibliques. Ces refrains voudraient rendre familier un monde qui demeure trop souvent étranger[2]. » Paraphrase donc, reprise du texte, mais sous une autre forme. Cette différence explique aussi la singularité de Duval. Si l'inspiration évangélique s'avère aussi profonde chez le jésuite, elle se révèle moins visible. D'ailleurs, leurs carrières de chanteurs diffèrent. Cocagnac s'adresse à un public chrétien et tout ce qu'il produit reste largement axé sur la mise en chanson d'épisodes de la Bible et des Évangiles. Certaines de ses productions répondent aux besoins de la liturgie ou du culte, tel un cycle de Pâques dans la série

1. P. Bernac est un élève du catholique André Caplet et un des grands interprètes des œuvres du converti Francis Poulenc. Tous deux réalisent de nombreux récitals ensemble.

2. 4e de couverture de la pochette du disque *Cantiques Bibliques – 3*, Lumen.

« Cantiques pour le temps présent[1] ». Comme Sœur Sourire, qui chante le fondateur de son ordre, de même, le Père Didier chante François d'Assise : « Les *Fioretti* sont à la vie religieuse ce qu'un carillon de campagne est à une cathédrale. [...] Brusquement la chanson, comme ce petit carillon, saute de colline en colline, nous élève et nous appelle à partir de quelques mots tout simples, tout petits[2]. » Duval ne procède jamais à cette mise en scène de la vie du Christ et des grandes figures chrétiennes à la différence des deux autres chanteurs. Là où Cocagnac et Didier mettent en chant les épisodes évangéliques ou des figures de saints, à l'exemple des *Fioretti* autour de saint François d'Assise et saint Antoine de Padoue[3] chez le P. Didier, Duval met en chansons l'inspiration évangélique de la vie quotidienne.

Ces divergences se reflètent dans la définition de son style d'écriture et du public visé : « Mais alors que le Père Duval chante pour faire entendre la parole de Dieu dans les cafés et la porter au cœur des foules, le Père Cocagnac, lui, chante pour lui-même et pour ses amis. [...] La Bible était là pour lui souffler les paroles. [...] La chanson, c'est un petit

1. Pierre HOUDY et A. M. COCAGNAC, *Cantiques pour le temps présent, cycle de Pâques*, Éd. du Cerf, 1962. La série comprend aussi un cycle de Noël, et annonce comme à paraître des Cantiques pour la Profession de foi, des Cantiques à la Sainte Vierge et des Cantiques pour le temps du Concile.

2. Régis HANRION, in Père DIDIER, *Chemins de Saint François, Rencontre*, Cantepi, Éditions de l'Épi, 1960. Chaque chanson est rattachée à un épisode de la vie du saint.

3. « Il allait par les villes/ Proclamant l'Évangile/ Riche de Dieu, riche de tout/ Saint Antoine de Padoue ». *Saint Antoine de Padoue*, Éditions de l'Épi, 1961.

poème qu'on chante quand on a le cœur trop plein ! C'est tout. Ça n'a pas beaucoup d'importance. [...] Une chanson, c'est fait pour ça, pour courir dans la rue, de bouche en bouche et de cœur en cœur[1]. » L'accent est porté sur le support et son efficacité et non sur les thèmes. Cocagnac et Mouque chantent pour les chrétiens, là où Duval ambitionne d'élargir le public au-delà des fidèles. Pourtant, tous partagent une définition proche de la chanson et se heurtent à une même difficulté : la chanson, ce n'est pas sérieux pour des hommes d'Église. Le journaliste de *La Vie catholique* précise : « C'est de la rengaine spirituelle qui ne plairait peut-être pas au roi David ni à Goliath, ni aux gens dits "sérieux". Mais qu'importe ! Les gens "sérieux" n'ont jamais su chanter une chanson[2]. » Une fois de plus, la distinction entre musique savante et musique populaire est mobilisée. Le choix d'une musique populaire constitue l'autre point de proximité entre les chanteurs. « Le Père Maurice Cocagnac marqua ainsi plusieurs générations d'une façon plus profonde que notoire, par son souci constant d'une transmission de la foi d'autant plus fidèle qu'elle est ouverte et imaginative[3]. » Le choix de la chanson se justifie par la volonté de transmettre la foi autrement, de façon en effet plus « ouverte », plus accessible parce que plus « imaginative », c'est-à-dire en s'appuyant sur un support novateur et attractif, la prolifération de chansons nouvelles. La formule du succès de Duval est aussi simple : « Une soutane, une guitare... des chansons ! On ne retient

1. Xavier GRALL, « Un dominicain », *La Vie catholique*, 2 juin 1957.

2. *Ibid.*

3. Emmanuel HOUSSET, « Le Père Maurice Cocagnac », *Le Monde*, 6 janvier 2007.

d'abord que cela qui étonne et intrigue [1] ». Ils restent néanmoins tous deux dépendants de leur autorité, Cocagnac publie ses recueils de chants « Cum permissu superiorum [2] ». Le premier grand succès du P. Duval, « Le Seigneur reviendra », a été approuvé par son provincial après une demande de son éditeur [3] tandis que les chansons de Sœur Sourire paraissent « *cum licentia ordinarii* [4] ». Le contrôle ecclésial est fort et à défaut d'un *imprimatur*, les chansons bénéficient elles aussi d'un assentiment des autorités des deux clercs avant leur interprétation et diffusion. En avalisant les chansons, leurs tutelles valident le choix apostolique. Si ces prêtres chantent, c'est avec l'accord et sous le contrôle de leur hiérarchie.

En 1966, A.-M. Cocagnac précise dans son Avant-propos au recueil *Frère Jacques chantons le Seigneur* : « On trouvera ici des chants très connus et d'autres presque neufs. Des chants anciens d'une grande intensité musicale et spirituelle, d'autres plus folkloriques, d'autres enfin plus humoristiques. Le chant des chrétiens ne doit-il pas tour à tour connaître ces diverses nuances [5] ? ». L'affirmer

---

1. Yolande THIRIET, « Le R. P. Duval, qui met une prière dans chacune de ses chansons, se défend d'être une vedette. Ce "drôle de petit curé" a pourtant un grand succès », *Est Républicain*, février-mars 1957.

2. M. COCAGNAC, *Chansons bibliques 3*, Paris, Éd. du Cerf, 1958.

3. « Voici le texte de la nouvelle chanson du Père Duval. J'espère que vous lui donnerez aisément la permission de paraître. » Lettre du P. André Roche, S. J., au R. P. Provincial Misset, 3 octobre 1956.

4. Catherine SAUVAT, *Sœur Sourire : récit biographique*, Paris, Ed. France-Loisirs, 2009, p. 53.

5. A.-M. COCAGNAC, « Avant-propos » au recueil *Frère Jacques chantons le Seigneur*, Paris, Éd. du Cerf, 1966, p. 5.

prouve combien ce n'est pas une évidence. La musique chrétienne ne peut être que sérieuse, d'où sa difficile inscription dans la variété. Dans ces récitals, le P. Duval pratique cette même diversité qui mêle chants folkloriques, *negro-spirituals* et chansons personnelles [1]. La recherche d'un apostolat nouveau se fonde sur une revendication d'authenticité religieuse. Son dialogue avec la société séculière se reflète jusque dans les thèmes de ses chants. Duval se présente comme naturel et lors de ses récitals insiste sur son humanité. Il ne cesse d'ailleurs de faire appel à celle de ses auditeurs. Ce positionnement explique que le théologien jésuite allemand Karl Rahner évoque l'œuvre de Duval comme l'exaltation d'une mystique de l'ordinaire s'accordant avec la recherche d'une incarnation du christianisme dans l'humanité de son époque. Les ordres savent mobiliser leur théologien pour justifier leur chanteur ou chanteuse. L'apostolat des prêtres-chanteurs est innovant mais il ne remet pas en cause la conception traditionnelle du sacerdoce, il est néanmoins plus une animation, un accompagnement qu'une direction. En se mêlant à la population, la chanson doit éveiller à la présence de Dieu.

Ainsi les trois hommes débutent-ils leur carrière de prêtres comme missionnaires, en milieu populaire pour le jésuite, en Afrique pour le franciscain, dans le monde des arts pour le dominicain avant de mobiliser la chanson comme méthode. Aimé Duval apparaît comme la figure

1. Si souvent Duval parle de concert, beaucoup de ses interlocuteurs ou témoins évoquent un récital. Sur la différence entre les deux termes, voir Joël-Marie FAUQUET (dir.), *Dictionnaire de la musique en France au XIXe siècle*, Paris, Fayard, 2003 et Stanley SADIE (ed.), *The New Grove Dictionary of Music and Musicians*, Grove-Macmillan, 2001.

inspiratrice de ce phénomène du prêtre-chanteur, celui qui bouscule les frontières du genre. Ces prêtres parviennent à obtenir des formes d'autonomie et de reconnaissance à l'intérieur de l'Église, bien que celle-ci reste vigilante, tant ce choix d'apostolat redéfinit leur ministère de parole, d'assistance spirituelle, mais aussi de sacrements. Leur cheminement est toutefois socialement construit par des déterminations et des possibilités : être chanteur leur ouvre des portes, même si leur marge d'autonomie est largement encadrée par leurs autorités de tutelle. Pourtant, la représentation de la culture issue de la modernité considère comme inférieure toute intrigue ou œuvre préoccupée d'idéologie et de morale. L'autonomisation relative du champ culturel modifie le rapport aux constructions théologiques, aux visées apologétiques ou aux convictions religieuses. C'est un obstacle majeur à la reconnaissance de ces chanteurs hors de l'Église. Ceux-ci refusent d'enfermer le chant chrétien dans le chant d'église, tout comme ils extraient la mission du cadre paroissial. « Le temps du travail pastoral confiné dans les limites de la paroisse est dépassé [1] », acte en 1948, l'archevêque de Cambrai, Mgr Jean-Arthur Chollet. Ces clercs interprètes de chansons mobilisent ce nouveau moyen de dire et diffuser la foi, mais en le faisant, ils questionnent les formes habituelles de la pratique. L'apparition des prêtres-chanteurs modifie même certaines pratiques croyantes. Ainsi, « dans quelques groupes d'Action catholique féminine on a remplacé la prière avant et après les réunions par une des chansons du Père Duval que les affiliées chantent en chœur. [...]

1. Cité par P. PIERRARD, *op. cit.*, p. 147.

nous sommes au plus près du Seigneur après avoir entendu cette prédication chantée. Nous avons senti qu'un apôtre est passé au milieu de nous et son influence est restée[1]... ». La chanson devient une façon de prier, et même une prière.

Si ce choix apostolique s'inscrit parfaitement dans les enjeux du renouvellement missionnaire d'après la Seconde Guerre mondiale, il comporte des risques. « Il n'est pas douteux qu'un grand élan traverse l'Église de ce temps et qu'à tous les étages la chrétienté s'efforce de s'adapter au temps présent et de réagir contre les forces de désintégration. Mais cette réaction, toute salutaire qu'elle soit, n'est pas sans danger. À force d'adapter un message, on risque de le perdre, de le défigurer, et de tous les dangers que la chrétienté court, il se pourrait que celui-ci fût en définitive le plus grave[2]. » Le levain dans la pâte est un programme novateur qui prend acte de la large sécularisation du monde. Il ne remet pas en cause l'ecclésiologie, la dogmatique, mais l'institution se réserve la possibilité de poser des limites.

---

1. Lettre du Padre Luis Martins Aparicio, Curé de la paroisse du Sacré-Cœur, Lisbonne au R. P. Misset, 10 mars 1959.

2. Jean MAQUET, « Face aux soutanes noires, la robe blanche », *Paris Match*, 12 oct. 1957, p. 25.

3

Spiritualité christique et Catho de gauche

Au cœur de la croyance duvalienne, la figure de Jésus, « Monsieur Jésus » comme il l'appelle dans ses chansons. Le Christ est indéniablement l'inspirateur de sa spiritualité. L'Évangile est son credo, il est le chanteur de la « joie évangélique [1] ». Là aussi, il s'inscrit dans son époque ainsi que dans le recentrage christologique de la théologie en France. La Vierge Marie, qui occupe une place de plus en plus importante dans l'économie du salut catholique jusqu'à la proclamation en 1950 du dogme de l'Assomption, est absente chez Duval. L'accent est mis sur Jésus en tant qu'homme, qui a « vécu pleinement la condition humaine, mort comprise [2] » : « Mais dès que je réalise que mon Dieu est un Homme, un Homme avec dix doigts, un Homme qui suait, un Homme qui s'asseyait, un Homme sensible, un Homme de rires et de larmes, un Homme libéré, fier, indépendant, juste et généreux comme c'est pas

1. Verso de la pochette du disque d'Aimé DUVAL, *Le Seigneur reviendra*. SM 45-04.

2. Étienne FOUILLOUX, *Une Église en quête de liberté*, Paris, Desclée, 1998, p. 228.

permis, je ne peux pas m'empêcher de faire amitié avec lui. Passer ensuite de l'amitié pour cet Homme à la confiance en ce qu'il me dit, c'est accepter le don de la Foi et l'aventure spirituelle[1]. » Le cheminement de l'humanité à l'amitié, puis à la foi, est celui que le chanteur propose à son public. Dans le même disque, une autre chanson livre l'espérance du prêtre, dans une vision eschatologique assez proche de celle du Père Teilhard de Chardin : « Y a un temps » : « Ma foi en Jésus-Christ me dit que l'histoire humaine s'en va des vers des temps heureux. *Dies Irae* deviendra *dies bona*[2]. » La fin du Jour de colère résume bien l'espérance portée par Duval qui répond à son temps, celle d'un salut pour tous : « Il faut faire son salut avec ses bras, son travail une camaraderie pour tous (car ceux qui n'ont pas l'amour du prochain, quelle espérance pourraient-ils bien posséder ?) avec la certitude que nous sommes déjà dans l'éternité[3]. » Le chanteur développe une mystique de la rencontre, et donne à son action une configuration christique. Il veut « rendre espoir ».

Dans sa quête d'un christianisme authentique, populaire, le prêtre-chanteur insiste sur la grande valeur morale des hommes. Ils développent une conception idéaliste de

---

1. *Le père Duval et sa guitare.* Un homme à souliers ; Il ne tient qu'à vous ; Y a un temps ; Paix sur la terre. Mario Bua au piano. Barclay 71.166 M. Texte d'interprétation pour la chanson « Un homme à souliers », 4e de couv. de la pochette du disque.

2. *Ibid.*

3. « À la Réformation. Avec sa guitare, le Père Duval chante et fait chanter toute une jeunesse », *Le Journal de Genève*, 20 février 1962. Dans « Qu'est-ce que j'ai dans ma petit'tête », une des chansons les plus populaires du Père, il écrit : « Et Jésus m'a surpris [...] ton ciel se fera sur terre avec tes bras. »

l'homme du peuple, tout en condamnant la société de leurs temps. Ainsi, ils mettent en scène des valeurs positives, l'amitié, la solidarité, le dévouement, et en appellent à la justice. Leurs positions apparaissent comme éthico-politiques, ils rêvent surtout d'une « terre nouvelle [1] ». Duval s'inscrit dans la lignée des catholiques de gauche, même s'il n'est pas marxiste. Son Église serait le Corps mystique du Christ qui prend le pas sur l'Église comme institution. Face à une paroisse « morte », un autre apostolat est nécessaire. « La plus grande faute des catholiques au XXe siècle serait de laisser le monde se faire et s'unifier sans eux, sans Dieu ou contre lui [2]. » La paroisse n'apparaît plus comme l'idéal sacerdotal de présence au monde, il faut réinventer l'Église à partir de ces solidarités nouvelles selon le modèle évangélique. Le retour aux sources du christianisme est la forme traditionnelle d'imposition des nouveautés au sein de l'Église. Cette utopie s'accompagne d'une critique de la hiérarchie héritée du Concile de Trente au nom de l'Évangile. Léon Morin rappelle à l'héroïne du roman que, même athée, elle n'est pas perdue : « Hors de l'Église, point de salut, insistai-je moqueusement. C'est de l'Église invisible qu'il s'agit. Elle dépasse de beaucoup l'Église visible », lui répond Léon Morin [3]. Cette nouvelle figure de prêtre apparaît comme une figure prophétique inspirée du Christ. Ce qui justifie les libertés prises avec les règles de vie du

---

1. Agnès ROCHEFORT-TURQUIN, *Socialistes parce que chrétiens*, Paris, Éd. du Cerf, 1986, p. 218.

2. A. DANSETTE, *op. cit.*, p. 136-137.

3. Béatrix BECK, *Léon Morin prêtre*, Paris, Gallimard, 1996, p. 75. Prix Goncourt en 1954.

clerc, confession, messe, lecture du bréviaire : « Les péchés ? mais n'est-ce pas secondaire ? reprit Pierre [...]. Il y a des mois que je ne me suis pas confessé : je n'y songe plus. Et certains jours, quand je vois cette misère, tout autour, et moi si impuissant et que cela n'empêche pas de dormir, ah ! pour me punir, je devrais me priver de messe : j'en suis indigne ! [...] C'est le Cardinal qui parle, pas moi : "Ce qu'on appelle un saint prêtre n'est le plus souvent qu'un fonctionnaire célibataire et tolérant. J'ai besoin de votre feu, pas de leur onction. Entre sauver une âme et lire son bréviaire, quand le temps manque pour faire l'un et l'autre, comment hésiter ?..." [1] ». La lutte contre la misère est prioritaire. Les chanteurs sont parfois durs envers les catholiques tièdes, les « chrétiens à gros grains [2] », selon la formule de Didier Mouque, qui sont baptisés, font leur communion et se marient à l'église. Dans sa chanson « ça n'comptera pas », il ajoute : « Portez sa croix, c'est bien joli, pas sur le cœur mais dans le cœur et dans ta vie. [...] au diable les fétiches et les décorations [3] ». C'est une musique militante que ces chanteurs entonnent, celle d'une adhésion et d'une foi engagée, pas de catholiques d'habitude. Ainsi dans « L'heure de vérité », il précise : « Faut-il pour vous satisfaire prendre un petit air pénitent, faut-il être pour vous plaire blanc dehors et noir dedans ? Faut-il faire le bon apôtre [...] Dehors la face de carême et le

1. *Ibid.*, p. 110. Page 37, Pierre cherche un logement pour des ouvriers plutôt que de dire sa messe.

2. Père DIDIER, *Père Didier n° 4*, Philips B77 730 L. Face A : phrases introductives de la chanson « Eh ben mon p'tit gars ». Paroles et musique de Didier Mouque.

3. Père DIDIER, *Père Didier n° 4*, Philips B77 730 L. Face A.

petit ton protecteur, apprends donc à dire je t'aime avec la joie et le cœur[1]. »

Sa théologie pastorale et sa conception du salut inscrivent Duval dans l'héritage de la pensée jésuite issue de la Seconde Guerre mondiale. La guerre ébranle le discours sur la résignation, synonyme de lâcheté et de complicité. Cette nouvelle façon de penser induit une nouvelle morale et une nouvelle spiritualité, donc une autre facette du Christ. « Parallèlement au discours sur la culpabilité, le sacrifice et la résignation, qui perdure, les militants de l'Action catholique et les intellectuels catholiques parlent de joie, d'amour, de mobilisation, de mission et de progrès spirituel par la souffrance[2]. » Il ne s'agit plus de renoncer au bonheur sur terre pour obtenir celui au ciel, l'abandon à Dieu doit permettre d'accueillir la joie, la justice, l'espérance ici-bas. « Jésus nous dit, je vous donne tout ce qu'il faut pour être heureux, aimez la terre, aimez-vous bien, aimez votre Père dans le ciel, suivez-moi, n'ayez pas peur, dansez, chantez [...] Tout l'Évangile baigne dans un climat de joie[3]. »

L'ennemi de Duval, c'est l'argent. Le chanteur s'inscrit dans le catholicisme social, entre capitalisme et communisme. Un opposant au tour de chant des prêtres dénonce ses propos : « "Dieu, il est avec les fauchés, les paumés ; il n'est pas de l'autre côté de la barrière, lui, il n'a pas d'argent

---

1. Père Didier, *Père Didier nº 3*, Philips 434 965 BE, face A.

2. Jean-François Galinier-Pallerola, *La résignation dans la culture catholique en France (1870-1945)*, Paris, Éd. du Cerf, 2007, p. 418.

3. Parole introductive à la chanson « J'ai joué de la flûte », *Aimé Duval en public 1959*, Archives Studio SM, CD, 1996.

en Suisse…" ». Il s'en prend aussi à la méthode : « Que de "trucs" on a inventé dans l'espoir de faire passer le Message. Et que de faillites dans cette catégorie de "trucs". […] C'est vous, sans doute, Père, et tous ceux qui vous ressemblent, qui pratiquez le grand mot-d'ordre à la mode : l'Ouverture sur le monde ! […] Allons ! Prends ton fifre, puisque c'est le seul instrument que tu joues, et va sur les scènes, face aux foules… Fais "choc" toi aussi, en ne faisant pas comme les autres. Des paroisses sans prêtre, en multitude (*sic*), attendent un charmeur[1] ». Ces critiques de l'autre camp prouvent combien le prêtre-chanteur s'inscrit dans la veine missionnaire d'après-guerre. Son engagement traduit aussi ses liens avec la mouvance des « catholiques de gauche ». À plusieurs reprises dans ses concerts, il dénonce ces chrétiens « qui ne voient qu'un côté de Jésus », « qui sont le plus impressionnés par la montée au calvaire, les larmes, les genoux troués, les genoux abîmés, la mort sur ses épaules, la croix sur ses épaules » et qui « oublient tout l'autre côté, tout le dimanche de Pâques, beaucoup plus important[2] ». Duval se situe du côté de la joie, non des larmes. Il ne nie pas la souffrance des hommes, bien au contraire, il évoque dans ses chansons la mort d'un enfant, la douleur de la perte des êtres chers, la dureté de la société. Mais il met en avant l'espérance et la joie : « "J'ai joué de la flute" […] C'est une parole de l'Évangile, beaucoup de chrétiens ne la connaissent pas, c'est la plus heureuse[3]. »

1. Copie d'une lettre envoyée au P. Duval, Nancy, 26 janvier 1964.

2. Introduction à la chanson « Il y avait beaucoup de monde », *Aimé Duval en public 1959*, Archives Studio SM, CD, 1996.

3. Introduction à la chanson « J'ai joué de la flute », *Ibid.*

De même, en 1962, Duval préface l'ouvrage d'Armand Pierhal, *Le Diable est un imbécile (De la tolérance)*, qui défend le principe de la non-violence selon l'idée que la vraie tolérance est d'admettre que tous les enfants de Dieu sont frères et la foi ne peut être imposée par la violence [1]. Il participe à la « Tumultueuse veillée de prière pour la paix au Vietnam [2] », qui réunit catholiques et protestants à la Mutualité aux côtés du chanteur chrétien John Littleton et de Marie-Claire Pichaud. « Il y a vingt ans que je vote pour un parti de gauche sans demander l'avis de personne [3] », reconnaît-il en 1972.

Cette floraison de prêtres-chanteurs traduit surtout une évolution du catholicisme français dont Adrien Dansette tente en 1957 de dresser le bilan : « Le clocher n'est plus au centre de la vie familiale, de la vie professionnelle, des réjouissances. [...] Toutes échappent au contrôle du catholicisme qui n'est plus représenté que par un bâtiment étranger, l'église, dont beaucoup d'habitants ne franchissent plus jamais le seuil et où les autres n'entrent

---

1. Armand PIERHAL, *Le Diable est un imbécile (De la tolérance)*, préface d'Aimé Duval, Paris, Julliard, 1962.

2. *Le Figaro*, 6 décembre 1966. Peu avant, il a participé à un débat sur la guerre organisé par l'Union des étudiants juifs de France, le 10 novembre, avec la participation de J. Wahl, C. Bourdet, J. Halperin et d'une étudiante vietnamienne. « Une quinzaine culturelle sur la violence », *Le Monde*, 27 octobre 1966. 1966 est l'année du passage à l'action militante des chrétiens entre la campagne de lettres au président Johnson de *Témoignage chrétien* et *Christianisme social* et les veillées pour la paix en décembre. S. ROUSSEAU, *La colombe et le napalm*, Paris, CNRS Éditions, 2002, p. 159-168.

3. Pierre FARE, « Le retour du Père Duval. Une interview exclusive », *La Croix – Dimanche du Nord*, 11 juin 1972.

qu'à l'occasion des grands événements de l'existence[1] ». Ni l'église ni la paroisse ne sont plus au cœur de la vie religieuse. Le prêtre-chanteur, parce qu'il annonce l'Évangile, loue Dieu et l'évoque hors les murs, apparaît comme une réponse à cette désaffection. Les opposants sont ceux qui expriment le mieux le sens de cette nouveauté apostolique : « L'Église contemporaine s'éloigne des cathédrales... Comment le nier en constatant que, désormais, c'est hors des cathédrales qu'elle tend à organiser ses manifestations de masses les plus spectaculaires ? Je ne parle pas seulement des pieuses exhibitions du R. P. Duval [...] qui prodigue sa guitare et ses chansons dans les cinémas et sur les planches des music-halls parisiens, au risque de se voir chahuter et siffler comme un quelconque histrion, ce qui est lamentable pour l'honneur de la robe qu'il porte[2]. » Des changements profonds sont intervenus chez les fidèles : « Le croyant d'hier, préoccupé avant tout de ses fins dernières, cheminait le regard fixé vers l'Au-delà glorieux ; le croyant d'aujourd'hui, plus soucieux de ses frères, est davantage tourné vers le Christ dont l'incarnation est un exemple divin. [...] Sa ferveur va à ce Fils, à sa vie, à son humanité physique et à son humanité mystique[3] ». Ce changement de perspective crée l'aspiration à une nouvelle ecclésiologie, fondée sur une nouvelle économie du salut : « L'attente d'un salut dans l'autre-monde qui rendait supportable les souffrances et les difficultés

1. A. DANSETTE, *op. cit.*, p. 12.

2. Yvan CHRIST, « Faut-il désaffecter les cathédrales ? », *Arts*, 20 mars 1957. Cité par Jacques MARTEAUX, *Les catholiques dans la tourmente 1944-1958*, Paris, La Table Ronde, 1959, p. 585.

3. *Ibid.*, p. 440.

d'ici-bas s'efface au profit de l'espoir concret d'accéder, dans ce monde-ci, à la prospérité, à la santé et à la réalisation de soi [1] ». L'articulation entre le ciel et la terre est au cœur des interrogations au moment où les conséquences de la Seconde Guerre mondiale entraînent une recomposition de l'univers héroïque en promouvant les valeurs de justice, de solidarité, d'humanisme. Face à cette demande nouvelle, un changement apostolique et ecclésial est proposé à travers la figure du prêtre missionnaire. Les prêtres-chanteurs participent de cette évolution. « Aujourd'hui, la société païenne pénètre partout dans la vie journalière du chrétien dont l'action se trouve toute tracée : c'est l'action du levain. [...] Afin d'être le ferment, le chrétien portera témoignage, non seulement par sa présence physique, mais par sa présence spirituelle [2]. » L'incarnation est au cœur du projet missionnaire.

Certaines opinions exprimées par le P. Duval voient leur orthodoxie discutée. Lors d'une mission dans le diocèse de Sion en Suisse, un Vicaire général le dénonce : « Sur votre tenue : vous auriez fumé tout en donnant des conférences. Sur vos propos, en particulier sur l'enfer, où vous avez souligné que l'Église n'avait jamais défini que quelqu'un s'y trouvât [3]. » L'attaque est sévère. Duval répond sur les deux points. S'il ne conteste pas le premier, il le replace dans un contexte qui, à ses yeux, le justifie : « Je n'ai fumé qu'en petits groupes quand l'ensemble des

---

1. Danièle HERVIEU-LÉGER, « Gabriel Le Bras », dans Danièle HERVIEU-LÉGER et Jean-Paul WILLAIME, *Sociologies et religion*, Paris, PUF, 2001, p. 260.

2. A. DANSETTE, *op. cit.*, p. 137.

3. Lettre du R. P. Misset au P. Duval, 16 décembre 1954.

jeunes autour de moi fumaient. Le mot conférence est trop sérieux pour les causeries familières que nous avons eues. » L'autre est plus grave puisque le Père semble remettre en cause la doctrine : « Que je n'ai certainement rien dit de faux au sujet de l'enfer, bien que je ne me souvienne plus en avoir parlé. Ce n'était pas mon sujet. Il est facile de déformer une parole dite sur un ton familier, ou de faire un procès de tendance pour une phrase prise au hasard. [...] Si la doctrine n'avait pas été orthodoxe, je doute que trois curés et un archiprêtre de la ville m'aient demandé en mission [...] Enfin, je n'ai pas parlé des opinions controversées telle qu'il y en a en France dans plusieurs domaines et m'en suis tenu à parler de Jésus-Christ, personne et message, surtout de l'Évangile[1]. » Duval conteste donc les propos qui lui sont attribués.

Évoquer un enfer vide, la chose n'est pas neutre vu la place que celui-ci occupe encore dans l'économie du salut catholique. Dans la prédication et les esprits des fidèles, Satan incarne le dieu du mal[2] ; or pour Duval, la crainte disparaît quand on fonde sa foi sur le Christ victorieux du mal et de la mort. L'enfer, selon lui, serait plus une menace brandie contre les hommes qu'une réalité. Car sa spiritualité est inspirée par le Christ qui s'est fait homme. Aussi faut-il accompagner les hommes pour dévoiler la présence de Jésus. Duval croit dans l'espérance du salut offerte par le Christ. Les prêtres-chanteurs participent de ce changement majeur, le passage d'un christianisme de la peur à un

1. Lettre du P. Duval au R. P. Misset, 31 décembre 1954.

2. Étienne FOUILLOUX, « Satan 1948 », *Au cœur du XXe siècle religieux*, Paris, Éditions Ouvrières, 1993, p. 260.

christianisme de l'amour. Par prudence, à cette occasion, Duval évite de parler de positions hétérodoxes développées en France. Peut-être est-il fait référence à l'accusation de « nouvelle théologie » qui, au même moment, frappe de nombreux penseurs chrétiens. La condamnation des prêtres-ouvriers, la « purge » de théologiens jésuites (Henri de Lubac) ou autres (les dominicains Yves Congar et Marie-Dominique Chenu) [1], marque un moment de reprise en main intransigeante de l'Église de France par la papauté. Adopter alors une position différente de l'orthodoxie commune peut être dangereux. Néanmoins, les positions du jésuite Duval le rattachent à des conceptions développées alors au sein de la Compagnie. Ses sources d'inspiration se décèlent tant dans la résistance chrétienne, celle de l'esprit contre les armes. L'action doit être d'« essence chrétienne et non pas cléricale ou politique [2] ». L'attention aux germes du christianisme dans le monde s'articule autour des valeurs morales authentiques. Le péché fondamental est le manque d'amour fraternel et l'injustice. Au nom de l'évangélisation, il s'agit de marcher avec les hommes en leur révélant que le Christ les accompagne. Ces positions reflètent celles de théologiens jésuites de référence, actifs dans la redéfinition du rôle de l'Église et des fidèles au sein

---

1. La carrière de Duval s'amorce vraiment après ces années 1956-1957 qui sont les plus « dures » contre la pensée catholique française. « Dure année 1957 ». É. FOUILLOUX, *Une Église en quête de liberté*, Paris, Desclée, 1998, p. 298.

2. *Courrier français du Témoignage chrétien*, n° 8, mars 1944, cité dans Renée BÉDARIDA, *Les armes de l'esprit. Témoignage chrétien (1941-1944)*, Paris, Les Éditions ouvrières, 1977, p. 217.

du monde[1]. Les prêtres-chanteurs défendent une option pour l'amour. L'héritage de la participation de catholiques à la résistance est un appel à renouveler l'idée d'Église, « désormais davantage "corps mystique" et communion entre les croyants que structure hiérarchique et par conséquent l'idée de Dieu, de la vérité et du salut. [...] L'autre acquis majeur [...] est [...] l'intégration de la dimension politique à la conscience chrétienne [...] Une responsabilité directement issue de leur foi et liée à l'Évangile sur le plan des valeurs et des exigences – d'abord la recherche de la justice, mais aussi assumée dans l'autonomie et débarrassée du cléricalisme[2] ».

Mais il ne faut pas tout mêler. Ces prêtres-chanteurs aspirent à évangéliser et non à relayer une lutte sociale ou un débat théologique. Au-delà d'une revendication pour la paix assez consensuelle, ils défendent une conception spirituelle de l'homme, « un homme qui prie, qui aime, qui lutte, c'est grand[3] », affirme Duval lors d'un concert en 1959. Si la défense de la dignité humaine se heurte parfois à des logiques sociales, les prêtres-chanteurs promeuvent un humanisme chrétien, porteur de paix, de charité, d'attentions aux plus faibles, aux plus pauvres et aux plus déshérités avant de le transférer dans les années 1960 aux

---

1. F. GUGELOT, « A Jesuit Way of Being Global ? Second Vatican Council, Inculturation, and Liberation Theology », in Ines ZUPANOV (ed.), *The Oxford Handbook of Jesuits*, Oxford University Press, 2019, p. 1042.

2. Bernard COMTE, *L'honneur et la conscience : catholiques français en Résistance, 1940-1944*, Paris, Éd. de l'Atelier, 1998, p. 288-289.

3. Parole prononcée lors de l'interprétation de la chanson « La nuit », *Aimé Duval en public 1959*, Archives Studio SM, CD, 1996.

plus opprimés. Parmi ceux-ci figurent les prisonniers. Duval se rend à plusieurs reprises dans des prisons telles que Melun en 1958, où il succède au P. Brandicourt « avec ses marionnettes [1] ». Or, le 1er janvier 1964, il fait scandale, après un récital dans la chapelle de la prison de Saint-Étienne, où il découvre que les spectateurs sont installés dans des « boxes alvéolés verticaux dans lesquels les prisonniers sont placés séparément. L'on aperçoit leur tête seule [2]. » Ils doivent ne pas émettre la moindre parole et sont appelés par leur matricule. Le contraste est fort entre le message du prêtre et la détresse humaine des prisons françaises. « Je viens ici comme un frère, leur avait-il dit en arrivant [...] Il parla de justice et d'espérance. Il parle surtout de fraternité [3]. » Le P. Duval déclare à la presse « qu'une telle vision lui avait paru "inhumaine" ». Ces déclarations choquent le personnel. Une motion est votée par les syndicats de la maison d'arrêt : « L'ensemble du personnel considère ces paroles comme mensongères et offensantes et ne peut admettre qu'on le traite aussi grossièrement alors qu'il accomplit son service avec HUMANITÉ [4]. » Le directeur de la prison demande la mutation de l'aumônier, l'abbé Marey, qu'il n'obtient

---

1. Lettre de l'aumônier Raymond-Noël Bréhamet au P. Duval, 18 août 1958. Le P. Brandicourt est un jésuite de la même communauté nancéenne que le P. Duval. Il monte des spectacles de marionnettes sur la vie des saints.

2. Jean GABRIEL, « Le Père Duval a chanté pour 120 prisonniers de Bellevue », *La Tribune* (Saint-Étienne) et *Le Progrès* (Lyon), 3 janvier 1964.

3. *Ibid.*

4. Motion de la Maison d'arrêt de Saint-Étienne, CGT-FO-Autonome et CFTC. Sans date.

pas de l'auxiliaire de Lyon en charge de Saint-Étienne. Tandis que Duval reçoit le soutien de prisonniers, d'anciens prisonniers, et d'autres clercs. Le jésuite Marc de Boissieu, recteur de l'école technique Sainte Thérèse à Saint-Étienne, le remercie « d'être venu chanter pour les “plus pauvres” [1] ». Néanmoins cette attention aux autres révèle les limites de cette pastorale, elle ne christianise pas le public, et la contestation du Père vient des milieux chrétiens eux-mêmes. Un double échange de courrier, le premier avec l'assistante sociale du pénitencier de Poissy, Mlle Bied-Charreton, où il avait chanté peu avant sa déclaration, le 22 décembre, et le second avec M. Pineault, secrétaire général du syndicat chrétien CFTC de l'administration pénitentiaire, montrent que ces déclarations heurtent des chrétiens : « Il est pour le moins navrant que des personnes venues pour distraire des détenus puissent juger, à cette occasion, le personnel qui ne fait qu'assumer ses fonctions [2]. » Tant auprès du responsable syndical que de l'assistante sociale, Duval affirme, sans revenir sur ses propos, qu'il ne remettait pas en cause le personnel. L'administration pénitentiaire décide d'interdire les concerts du jésuite [3].

Catho de gauche, Duval n'est pas pour autant un progressiste sur tous les thèmes. À la question du journaliste

1. Lettre, sans date.

2. Lettre de M. Pineault, secrétaire général du syndicat chrétien CFTC de l'administration pénitentiaire au P. Duval, 8 janvier 1964.

3. « Le Père Duval interdit de séjour dans les prisons », *L'Aurore*, 24 février 1964. Il faut attendre 1971 pour que le Groupe d'information sur les prisons naisse sous l'impulsion de Jean-Marie Domenach, Michel Foucault et Pierre Vidal-Naquet.

Jean-Pierre Bernier, en 1964 : « Êtes-vous pour le mariage des prêtres ? », il répond : « Ah ! Je suis résolument contre. On se fait prêtre pour aimer tous les hommes comme des frères. Toutes les femmes comme des sœurs [1]. » Se dévoilent à la fois son empathie envers son public et une explication de son attention à tous. Il ne rompt pas avec l'ecclésiologie catholique. Le prêtre-chanteur s'adresse à des enseignés, la méthode Duval et Mouque d'ajouts de commentaires aux chants participe du succès des récitals. « Le public, où les jeunes gens étaient en fort grand nombre, a participé avec entrain au récital. Car c'est un des traits caractéristiques du Père Duval : il sait faire participer son auditoire aux chants qu'il interprète, il sait entraîner la foule à reprendre avec lui les refrains et faire ainsi sienne la chanson [2]. » La nouveauté apostolique du prêtre-chanteur est de mobiliser un média renouvelé pour diffuser le message évangélique : « Comme les temps sont changés ! La religion suit la mode : elle adhère à son époque, elle mord de belles dents dans le progrès. L'abbé Pierre, hier, se lançait dans la construction des cités d'urgence [...] et le Père Duval ramasse une à une les "briques" des nouvelles cathédrales avec sa guitare et ses chansons. [...] J'ai connu bien des manifestations dans ce Palais des sports [...] je n'ai jamais vu un si grand concours de peuple communier avec autant de ferveur sous ce grand chapiteau [...] c'est à une évangélisation que nous sommes conviés. [...] Inspiration toujours actuelle et jamais profane de la joie et de la solitude des hommes qui cherchent le

1. Jean-Pierre BERNIER, « La confession brutale d'un prêtre égaré au music-hall », *Ici Paris Hebdo*, 15 au 21 janvier 1964.

2. *Ouest France*, 18 mars 1960.

visage de Dieu. [...] Vous entendez ce chant pénétrer et le sermon est fait et vous êtes converti : bref, la religion fera de nouveaux adeptes par ces voies inattendues [...] le Père Duval a trouvé à l'Église bimillénaire ces cantiques nouveaux pour ranimer la flamme. [...] La salle, hier soir, crépitait comme un grand feu de joie[1]. » Cette image rejoint la thématique de la communion, du moment partagé. L'heureuse combinaison du Père et de sa musique permet donc de réaliser son apostolat. « Le Père Duval rencontre un immense succès – France et Étranger. Impossible de penser [...] qu'il n'y a pas là un "charisme" d'apostolat unique. [...] La réussite d'une telle chanson, cela vaut bien 100 sermons [...] Ensuite, il chante bien sûr, mais enfin, qu'est-ce qu'il chante, sinon rien que l'Évangile[2]. » La proposition faite par cette nouvelle figure missionnaire revendique d'être évangélique plus qu'ecclésiale. Le journaliste a conscience de la floraison d'initiatives qui témoignent d'une Église inscrite dans son siècle. Bien avant le Concile, le renouvellement de l'apostolat comme celui de l'engagement charitable apparaissent comme les nouvelles facettes de l'Église. « Évangélisation », l'heureuse combinaison apparaît comme un apostolat mais le pari de dépasser le public catholique n'est pas atteint. De plus, la performance trouve ses limites dans la dimension

1. Claude MARS, « Au Palais des sports, vendredi soir, pour les chansons du Père Duval, la salle crépitait comme un grand feu de joie », *La Dépêche du Midi*, dimanche 12 décembre 1960. Des clercs voient aussi dans l'action de l'abbé Pierre un nouveau terrain d'apostolat envers les plus démunis. Axelle BRODIEZ-DOLINO, *Emmaüs et l'abbé Pierre*, Paris, Presses de Sciences Po, 2008, p. 48.

2. Lettre du P. Lepoutre au Provincial, Nancy, 30 novembre 1957.

éphémère du récital là où la liturgie s'appuie sur la répétition immuable d'un rituel ancré dans la tradition. Le spectacle s'inscrit dans l'éclat du présent, son impact souffre de cette brève temporalité de la communion dans des lieux profanes.

Aux vœux du jésuite s'ajoutent les valeurs cardinales dont l'humilité. Or le succès risque de lui « monter à la tête ». Une autre lettre, quelques mois plus tard, rappelle toutes les difficultés rencontrées : « Pour l'esprit religieux et les vœux, je tiens le cap [1]. » S'il faut le préciser, c'est que la question se pose. Il ajoute néanmoins : « Il est temps que je me mette à faire d'autres chansons, je commence à tourner en rond avec celles que j'ai. Ce ne sont pas les sujets qui manquent, mais la liberté intérieure, psychologique. Les missions donnent des sujets mais stérilisent pour la composition [2]. » Le déchirement entre ses devoirs de religieux, dont la mission, et le sacerdoce chantant devient problématique. Ses charges missionnaires l'empêcheraient d'écrire de nouvelles chansons. Le chanteur cherche ainsi à obtenir un espace supplémentaire d'autonomie par rapport au prêtre en se concentrant sur sa nouvelle activité : non le chant – il chante depuis le début de son apostolat – mais le tour de chant. Cet approfondissement de son investissement oblige ses tutelles à constamment renouveler les limites imposées. La lettre de Michel D'Haene au R. P. Provincial du 7 décembre 1957 pose la question qui taraude toutes ses autorités : « Mais la question de fond qu'il y aura à régler lors de votre visite est celle-ci :

1. Lettre de Duval au Provincial, Besançon, le 3 octobre 1957.

2. Lettre de Duval au Provincial, Besançon, le 3 octobre 1957.

peut-on, comme il le désire et l'exige presque, lui laisser comme unique apostolat ses tournées de chant ? Dans ce cas, il aurait besoin en permanence avec lui d'un Père qui veille sur lui, décide pour lui et le conduise presque comme un gosse. Sinon, il va se claquer et mener de plus en plus une vie déréglée[1]. » Conscient de sa position de force, Duval parvient progressivement à privilégier son engagement chantant. Une nouvelle lettre du chanteur au Provincial du 18 décembre 1957 insiste sur les conséquences de son succès : « Je suis de plus en plus convaincu que le travail fait par les chansons est un travail missionnaire. [...] Les deux premiers disques en sont actuellement aux environs de 300 000 copies. Le troisième disque aura encore des répercussions et des tirages plus forts. Action missionnaire plus directe encore, je crois. C'est aussi l'avis des Pères de l'Action Populaire, à qui j'ai passé la maquette : "Enfin, vous y êtes", m'a dit le Père Crespel[2]. » Fondée par le Père Desbuquois à la fin du XIXe siècle, dans le Nord puis à Reims, l'Action populaire veut lutter contre la déchristianisation du monde ouvrier et remédier à la misère sociale[3]. Elle représente la mission jésuite envers le monde populaire, Desbuquois ayant été lui-même inspiré et nommé par le Père Leroy, soutenu par le cardinal Luçon de Reims. Dans ce but, la mission jésuite use abondamment des nouveaux médias dont le cinéma et le chant. Duval quitte Reims au moment où Mgr Béjot est

1. Lettre de Michel D'Haene au Provincial, Nancy, 7 décembre 1957.

2. Lettre d'A. Duval au Provincial, 18 décembre 1957.

3. Paul DROULERS, *Le Père Desbuquois et l'Action populaire*, t. 2, 1919-1944, Paris, Éd. ouvrières, 1981.

nommé, en 1955, évêque auxiliaire. Ordonné en 1925, puis vicaire d'une paroisse ouvrière à Belfort, il est un ardent promoteur de la JOC et des idées de l'abbé Cardijn : « "L'Église [...] a mission d'animer le monde, de lui donner une âme, faute de quoi l'homme est malheureux. Quiconque fait œuvre d'animation du temporel fait œuvre du Royaume de Dieu." [1] ». Duval et les autres prêtres-chanteurs ne sont pas seuls, ils participent d'une tentative de renouveler l'Église et son message.

1. Mgr Georges BÉJOT, « Moyens d'évangélisation et de formation mis en valeur par la JOC », *Masses ouvrières*, n° 29, décembre 1947, p. 54.

4

Une bonne chanson ?

À une époque où « jamais on n'a tant aimé écouter la musique, reprendre des chansons [1] », « toutes les chansons font appel aux accents les plus humains, les moins solennels, pour parler de choses divines. Et le plus sceptique découvre, à contrecœur peut-être, que si l'on ne peut faire de la bonne littérature avec de bons sentiments (ce qui reste à prouver), on peut, à coup sûr, faire d'excellentes chansons [2]. »

Déjà dans l'entre-deux-guerres, en 1927-1928, un vif débat oppose des écrivains sur la réalisation d'une œuvre d'inspiration chrétienne dans un monde sécularisé. André Gide affirme, à l'occasion de la publication par François Mauriac d'une vie de Racine, qu'il n'est pas possible de faire une bonne littérature avec de bons sentiments. L'écrivain reproche à son collègue de rechercher « ce compromis rassurant qui permet d'aimer Dieu sans perdre de vue

---

1. Yves CONGAR, dans Sœur Sourire, *Seigneur mon soleil, op. cit.*, p. 2.

2. Georges RAVON, « Un curé de charme à la conquête de Paris. Le R. P. Duval est avec Zizi Jeammaire à la pointe de la chanson », *Le Figaro Littéraire*, 23 février 1957, p. 3.

Mammon[1] ». Le protestant Gide, qui connaît bien sa Bible, le sait : « Nul ne peut servir Dieu et Mammon » (Luc 16, 13). Mammon incarne selon les Évangiles le mauvais maître, celui de la prospérité, du succès, de l'argent. Rechercher donc la reconnaissance littéraire en produisant une œuvre d'inspiration chrétienne est pour Gide impossible puisque le choix moral d'écriture entraverait la qualité littéraire de l'œuvre. Un critique catholique affirme qu'il est possible de tenir les enjeux contradictoires d'une écriture fondée sur une foi et une morale avec la production d'une littérature évoquant la profondeur de l'immoralité : « Le romancier catholique n'est pas seulement un homme qui, baptisé, écrit des romans honnêtes [...] Le romancier catholique n'est pas plus dispensé qu'un autre, il l'est même moins d'avoir du talent [...] Le romancier catholique n'est donc pas simplement un auteur de romans édifiants », mais au contraire « un romancier qui daigne voir les choses, le monde, les gens et la vie, du point de vue catholique, donc universel et éternel[2] ». Mauriac refuse l'idée que l'écrivain chrétien ne devrait pas peindre les passions humaines et rejette toute écriture à thèse. Il doit au contraire « ne pas débrouiller cet écheveau qu'est une

---

1. Dans une lettre ouverte du 7 mai 1928, parue dans la *N.R.F.* du 1er juin, Gide écrit : « En somme, ce que vous cherchez, c'est [...] la permission d'être chrétien sans avoir à brûler vos livres [...] Votre grand art est de faire de vos lecteurs vos complices. Vos romans sont moins propres à ramener au christianisme des pécheurs qu'à rappeler aux chrétiens qu'il y a sur la terre autre chose que le ciel ». François MAURIAC, *Dieu et Mammon*, *Œuvres romanesques*, La Pléiade, 1979, t. II, p. 832.

2. José VINCENT, « Bonnet blanc et blanc bonnet. Modeste essai de définition du romancier catholique », *La Croix*, 24-25 juin 1923.

créature humaine[1] » : « L'échec de la plupart des romanciers qui ont voulu donner la vie à des saints, vient peut-être de ce qu'ils se sont exténués à peindre des êtres sublimes, angéliques, inhumains, alors que leur chance unique aurait été de s'attacher à mettre en lumière ce que la sainteté laisse subsister de misérablement humain dans une créature humaine et qui est le domaine propre du romancier[2] ». Dans *Dieu et Mammon*, Mauriac répond à Gide : « Purifiez d'abord la source et ceux qui boiront de son eau ne seront plus malades[3] ». Le jésuite Louis Barjon, critique littéraire et musical à la revue *Études*, développe les mêmes arguments sur les récitals des prêtres-chanteurs :

> Ils aspirent à contribuer à la purification de l'atmosphère et à l'élévation des esprits dans le domaine de la Chanson. Ceci en résistant à la tentation qui ne nous est que trop habituelle de croire que pour guérir un mal il convient d'abord de « s'opposer ». Au lieu de faire de la « chanson religieuse » en marge de la « chanson profane », pourquoi ne pas rejoindre au contraire le plan des autres mais avec ce regard meilleur que la lumière de la foi favorise ? Et donc chanter l'amour, non pas nécessairement l'amour de Dieu, mais l'amour de l'homme et de la femme, sans en ignorer les aspects les plus concrets, les plus charnels, voire les dérèglements passionnels, à la condition de s'interdire absolument d'en désacraliser le caractère et d'en avilir l'image[4].

1. François MAURIAC, *Le Roman* (1928), *Œuvres romanesques*, La Pléiade, 1979, t. II, p. 763.

2. François MAURIAC, *Dieu et Mammon* (1929), *Œuvres romanesques*, La Pléiade, 1979, t. II, p. 818.

3. *Ibid.*, p. 820.

4. L. BARJON, « Réveil de la poésie dans la chanson », *Études*, 1964/6 (t. 320), p. 835.

Barjon reprend donc les positions de Mauriac d'une littérature du péché et de la grâce. Pour que les prêtres-chanteurs puissent être acceptés dans le monde du spectacle, ils doivent chanter toutes les facettes de l'amour. Néanmoins, le jésuite pose une double condition, bien difficile à réaliser : l'absence de complaisance dans la description, qui réduirait l'amour des hommes à sa plus vile représentation, et le refus de toute désacralisation. Comment réaliser un tel programme ? Qu'un prêtre interprète une chanson ne suffit pas à en faire une chanson catholique. Indéniablement, l'essentiel des performeurs sont des clercs, mais ces chansons ne sont pas produites uniquement par et pour des clercs. Ainsi Marie-Claire Pichaud livre-t-elle des chants d'inspiration biblique louant les grandes interventions de Dieu dans la vie des hommes. Ses disques sont pressés par la même maison, le Studio S. M., que le jésuite. Les chansons ont aussi pour but de sensibiliser les auditeurs à l'existence de Dieu, de perfectionner leur foi conformément aux enseignements de l'Église et d'élargir l'audience. Ces chanteurs confessent leur foi : « Il chante une expérience du salut par la foi. Puisque ce salut est universel, alors il est annoncé aux autres [1]. »

Déjà se pose la question de la définition des « bonnes chansons ». Avant le conflit, l'attention aux chansons est vive et le monde catholique offre des options à la fois mélodiques et morales avec des revues telle *Les Bonnes chansons populaires* [2] et la revue musicale *Nos chansons*

1. Pierre BENOIT, *Les chrétiens et les musiques actuelles*, Éditions des Béatitudes, 2010, p. 43.

2. Revue mensuelle catholique, publiée de janvier 1928 à juillet-août 1939 puis de janvier-février 1950 à avril-juin 1952, Langres.

françaises[1]. Comme pour la littérature, il s'agit d'offrir aux fidèles un média à la valeur morale irréprochable. Ce débat rejoint les projets de l'Action populaire : offrir une culture aux accents chrétiens qui touche un public large. Le P. Duval énonce alors ses demandes pour renforcer l'efficacité de son apostolat : « Pour continuer cette forme d'apostolat, il me semble nécessaire : Que je fasse des concerts, par quoi je puisse me rendre compte des besoins des gens, de leurs réactions, et de l'orientation à donner aux chansons suivantes. Que je reste dans le même bain de musique, que je n'aie pas à sauter d'une mission à un concert. [...] Que j'ai un peu de temps pour me cultiver au point de vue musique, faire certaines études à temps perdu, garder le contact avec le monde de la chanson[2]. » Le prêtre-chanteur demande de pouvoir se consacrer pleinement à son nouvel engagement et être libéré des missions. Le tour de chant, étant au départ une extension de la mission assurée par Duval, du café à la salle de concert, deviendrait avec le succès un obstacle à la réalisation de son nouvel apostolat. Sa volonté de se cultiver musicalement mais aussi de mieux intégrer le monde de la chanson a les accents de l'inculturation, l'espérance missionnaire d'une acculturation réussie du christianisme dans des mondes qui l'ignorent. Cette perspective missionnaire est très présente dans les interrogations jésuites. En définissant un public cible, Duval énonce une option préférentielle en faveur du peuple et affirme une nécessaire inculturation de

1. Henri COLAS et André CHENAL (dir.), *Nos chansons françaises*, Paris, Éditions Spes, 1924-1939 avec des titres comme *Aux champs, près de l'âtre*, 1926, ou *Les Chansons du foyer (1912-1914)*.

2. Lettre de Duval au R. P. Provincial, Nancy, 18 décembre 1957.

la foi et de l'Évangile. Il présente cette évolution comme une étape nouvelle après avoir convaincu de la force apostolique des concerts.

> La partie est gagnée maintenant devant ceux qui ne comprenaient pas que cet apostolat par la chanson fût permis, possible et rentable spirituellement. Je sens que nous aurions la voie libre désormais pour intensifier le mouvement et le rendre plus missionnaire,
>
> En refusant systématiquement les concerts commerciaux, à buts financiers. On me les a toujours imposés, presque toujours le Père Supérieur [...]
>
> En mettant comme condition pour les organisateurs un prix maximum de place à 150 frs.
>
> En refusant les salles trop marquées cléricalement.
>
> En acceptant les soirées plaçant dans la mouvance des missions [1] .

Le Père Duval parvient à imposer une sécularisation de ses interventions, concrétisant de la sorte sa mue de missionnaire en chanteur. Son œuvre est une mission, mais qui ne se présente plus ainsi. Elle a pris des accents différents, ceux d'une présence apostolique de la religion dans la société. La sécularisation, ne serait-ce que des salles, le montre amplement. Le but reste l'apostolat mais pour toucher le public le plus large possible, la Compagnie accepte de privilégier les concerts sur les missions. Il s'agit de sensibiliser le public aux interrogations spirituelles. Le chanteur évoque Dieu plus qu'il ne catéchise. La volonté de rejeter les salles « cléricales » illustre bien le pari, l'ouverture

1. Lettre de Duval au R. P. Provincial, Nancy, 18 décembre 1957.

à toutes et tous au détriment d'une identification prononcée au sein du catholicisme. Louis Barjon en a conscience : « La chanson religieuse ne saurait échapper tout à fait à une certaine ambiguïté. Celle-ci tient, pour commencer, au caractère hybride de sa nature. Elle s'apparente tout à la fois au cantique proprement dit, à cette forme de l'invocation qu'est de façon plus directe le chant liturgique [...] Elle se rapproche par ailleurs de la chanson dite "profane", par ses imageries plus concrètes, la simplicité de sa facture et le tour réaliste de ces formules. La difficulté sera dès lors grande de maintenir sans défaillance l'équilibre entre l'emploi de ce mode d'élocution familière et le respect du caractère sacré des réalités qu'on évoque [1]. » L'écart entre les deux types d'expression fait que les chansons des prêtres sont déchirées entre la « chanson poétique d'où reste absente toute allusion explicite au surnaturel » et les « chansons sacrées, si respectueuses celles-là du texte biblique que telle ou telle d'entre d'elles [...] pourrait être chantée même à l'église [2] ». Sacré/profane, le fossé reste puissant. Barjon s'interroge : « La chanson religieuse serait-elle vouée à l'une ou l'autre de ces deux impasses ? Soit consentir, pour rester accessible à tous, à ne pas dépasser le niveau d'une vague illustration sentimentale. Soit, dans la mesure même où elle tend à une traduction plus authentique des exigences évangéliques, demeurer la part réservée des seuls auditoires chrétiens [3]. » Or cette distinction est le reflet des choix divergents des prêtres-

---

1. L. BARJON, *op. cit.*, p. 834.
2. *Ibid.*, p. 834.
3. *Ibid.*, p. 835.

chanteurs : Duval prône la « chanson poétique », Cocagnac et Mouque la « chanson sacrée ». Le public visé diffère. Ce qui est sacré est ce qui est séparé, distinct, réservé aux initiés. Tandis que le profane ne se réduit pas au négatif du sacré, ce qui ne participerait pas aux choses religieuses, même si « le profane devient un élément antagoniste, dangereux pour le sacré, qui altère, déprave, diminue la puissance des forces mystiques[1]. » En revanche, le « profane » touche tout le monde, il n'est pas réservé aux fidèles.

L'apôtre est « l'envoyé de Jésus-Christ, non le délégué d'une communauté[2] ». Le message évangélique est au cœur des chansons de Duval. Or « l'apôtre chrétien est essentiellement un prédicateur de l'Évangile[3] ». Ces chanteurs pratiquent donc une forme renouvelée d'apostolat, qui s'associe à toutes les tentatives de produire de nouvelles modalités missionnaires dans les années 1930-1950. Bien des prêtres ont déjà chanté ou accompagné leurs rites de chants. Là où ils diffèrent, c'est qu'ils s'inscrivent dans un monde laïc et sécularisé, celui de la chanson française des années 1950-1960. Au XIXe siècle, « l'apostolat consiste surtout à répandre "l'amour des pratiques pieuses", c'est avant tout que l'adhésion à l'Église catholique passe par la participation à des manifestations extérieures de piété, à ses rites, à sa liturgie[4] ».

---

1. Roger BASTIDE, *Éléments de sociologie religieuse*, Paris, A. Colin, 1935, p. 15.

2. « Apostolat », *Dictionnaire de Droit canonique*, Paris, Letouzey et Ané, 1935-1965, col. 676.

3. « Apostolat », *Ibid.*, col. 676.

4. Charles COUTEL et Olivier ROTA, « Introduction », in C. COUTEL et O. ROTA (dir.), *Se faire apôtre du XIXe siècle à nos jours*, Paris, Parole et Silence, 2019, p. 13.

Un nouveau modèle d'apostolat se répand ensuite, comme « une invitation à imiter le Christ Jésus, dont la part humaine retient de plus en plus l'attention des écrits chrétiens [1] ». La Compagnie de Jésus tente de renouveler les formes de diffusion et de soutien à la foi chrétienne, à l'exemple des retraites collectives [2], depuis le renouveau du XIXe siècle. Cette attention à l'adaptation du message chrétien, à sa diffusion et à son entretien explique aussi la possible apparition d'un chanteur à textes en milieu jésuite puis dominicain et franciscain. Des interrogations subsistent sur ces nouvelles méthodes, chercher à convertir un milieu et le préparer à entendre la parole du Christ suppose un enfouissement ou une visibilité. Duval revendique sa soutane et son appartenance. Sa militance est directe, mais il œuvre bien en terres peu ou non chrétiennes, celles du monde de la chanson des sixties. Il témoigne, mais loin de s'inscrire dans l'ordre de l'être, il est dans l'ordre du faire, à un moment où les tentatives jésuites d'offrir la foi s'inculturent de nouveau [3]. Il s'agit de propager, d'annoncer la foi de façon explicite et visible mais selon des façons qui la rendent accessible au plus grand nombre. Duval ne s'inscrit pas dans un apostolat démonstratif et identitaire, promoteur d'une traduction sociale, militante de la révélation chrétienne. Son apostolat se veut une charité discrète, qui nourrit

---

1. *Ibid.*, p. 13.

2. Frédéric GUGELOT, « Une maison jésuite de retraite, Manrèse à Clamart », in Pierre-Antoine FABRE, Patrick GOUJON et Martín M. MORALES (dir.), *La Compagnie de Jésus des Anciens Régimes au monde contemporain (XVIIIe-XXe siècles)*, Institutum Historicum Societatis Iesu – L'École française de Rome, 2020, p. 607-622.

3. F. GUGELOT, « A Jesuit Way of Being Global ? : Second Vatican Council, Inculturation, and Liberation Theology », in Ines ZUPANOVA (ed.), *op. cit.*, p. 1036-1053.

l'espérance et la foi du spectateur. Progressivement, le missionnaire s'estompe derrière le chanteur. En offrant une autre image de Dieu, ils offrent une autre image de l'Église alors que, dès 1952, le recrutement sacerdotal tombe en dessous de mille et atteint en 1967 moins de 500 par an. « Les frontières du sacré et du profane, du spirituel et du temporel, se sont déplacées [...] Dès lors la crise du sacerdoce actuel s'éclaire : la tension entre le poids de la tradition et de l'institution, et le dynamisme missionnaire est au cœur de celle-ci [1]. » Leur carrière de chanteur leur accorde une autonomie plus large et conduit à une latitude dans l'exercice de leurs devoirs. Ils ne proposent pas de changement dans la conception du sacerdoce, et mettent l'accent sur l'apostolat, dans la logique de leurs ordres. Ils sont fidèles à leurs vœux mais la forme de leur apostolat témoigne d'un changement d'orientation : « Un effondrement rapide et inattendu n'est pas impossible, si les pasteurs ne réussissent pas à enrichir la foi d'une vision dynamique du monde, dans laquelle le christianisme n'apparaîtra pas comme une vieillerie inefficace dont peu à peu l'on apprend à rougir [2]. »

---

1. Dominique JULIA, « La crise des vocations », *Études*, mars 1967, p. 396.

2. Louis-Joseph LEBRET, *La France en transition. Étapes d'une recherche*, Paris, Éditions ouvrières, 1957, p. 41.

DEUXIÈME PARTIE

UNE PROPOSITION NOUVELLE

« Lors du premier récital, un homme critiquait l'idée de voir un prêtre avec une guitare dans une salle publique. Après le concert il s'est montré très impressionné [...] nous sommes au plus près du Seigneur après avoir entendu cette prédication chantée. Nous avons senti qu'un apôtre est passé au milieu de nous et son influence est restée [1]... ». Ce choix apostolique surprend et conquiert. Chanter l'Évangile sur une scène, comme un spectacle, quand on est clerc, choque au départ. Peut-on parler de chanson chrétienne parce qu'on chante Dieu ? Le public a conscience des valeurs portées par l'interprète compositeur : « Les 6 000 auditeurs qui s'écrasaient au Gaumont, recherchaient un contact avec l'homme, avec ce troubadour du Seigneur pour qui le chant n'est qu'un moyen de rapprocher les hommes de Dieu. [...] C'est vrai qu'il chante la souffrance des hommes et leur espoir dans une vie meilleure [2]. » Ces prêtres chantent l'amour, l'amour de Dieu et du Christ en particulier. La pauvreté et la paix sont parmi les thèmes les plus évoqués. La Libération a véhiculé des espoirs renouvelés en une libération sociale et coloniale. Les chrétiens dits « de gauche » s'identifient à de grandes causes ; la lutte contre la guerre,

---

1. Lettre du Padre Luis Martins Aparicio, Curé de la paroisse du Sacré-Cœur, Lisbonne au R. P. Misset, 10 mars 1959.

2. J. ÉTIENNE, « Le Père Duval. Il chante pour faire se rencontrer le Seigneur et les hommes », *Témoignage chrétien*, 22 février 1957, p. 11.

le refus de la misère sont au cœur de leurs aspirations [1]. Les prêtres-chanteurs s'inscrivent dans ces années utopiques du début des « sixties ».

La différence entre interprètes et compositeurs, qui se creuse au cours du siècle, ne joue pas pour Duval, Cocagnac, Sœur Sourire et Mouque, auteurs, compositeurs et interprètes de leurs chansons. Cette triple casquette définit très souvent le chanteur à texte, qui ne se résume pas à une voix : il est aussi l'auteur des paroles, le compositeur des mélodies, et de la subtile imbrication des deux. Une telle unité garantit au public l'authenticité de leur expérience musicale, et donc spirituelle. Cette « tension vers l'authenticité » est un élément constitutif de la vedette [2]. Dès avant la Seconde Guerre mondiale, la chanson reprend ses droits en tant que valeur poétique. L'auteur-compositeur-interprète incarne ce renouveau qu'illustrent après le conflit Bécaud, Brassens, Brel, Ferré, Sylvestre alors que « le disque 33 tours et une production plus soignée des 45 tours [...] contribuent à renforcer la perception d'une personnalité individuelle ; enfin le pouvoir de l'industrie discographique s'affirme et l'attention se focalise sur l'interprétation originale d'une chanson [3] ».

---

1. F. GUGELOT, « Intellectuels chrétiens entre marxisme et Évangile » dans Denis Pelletier et Jean-Louis Schlegel (dir.), *À la gauche du Christ. Les chrétiens de gauche en France de 1945 à nos jours*, Paris, Seuil, 2012, p. 210.

2. P. David MARSHALL, *Celebrity and Power. Fame in Contemporary Culture*, Minneapolis, University of Minneapolis Press, 1997, p. 90.

3. Franco FABBRI, « La chanson », in Jean-Jacques Nattiez (dir.), *op. cit.*, p. 697.

Mots et mélodies doivent se fondre pour célébrer une poésie qui chez eux se veut spirituelle. La vague yé-yé qui surgit aux débuts des années 1960 ébranle les critères esthétiques de ces chanteurs à texte qui aspirent à une certaine qualité poétique. Ce qui distingue le prêtre-chanteur, ce ne sont pas tant les genres musicaux que les thèmes abordés. Sans bigoterie ni théologie, ils veulent aider les hommes à reconnaître Dieu et sa présence en leur apportant l'Évangile. Ils insistent sur les rapports entre les hommes, l'amour, la paix et dessinent un humanisme chrétien. Leurs textes répondent néanmoins à des enjeux moraux.

1

Jésus, reviens parmi les tiens

Avant la ligne mélodique, le rythme, l'accompagnement et l'orchestration, une vive attention est apportée aux textes, publiés dans des revues ou des livrets. L'air est simple pour toucher le public le plus large possible. « La chanson du Père Didier trouve sa place naturelle ou surnaturelle comme on voudra dans la tradition franciscaine [...] car elle est simple, sans détour, sans grands mots, sans emphase, sans éloquence et qu'elle est directe, lançant le message qu'elle veut porter avec des mots de tous les jours[1]. » La chanson, couplets et refrain, se doit de rimer, ce qui l'approche de la poésie. Peut-on pour autant mobiliser les catégories usuelles, chanson réaliste, sentimentale ou poétique, ballade, pour évoquer les textes des chansons de prêtres ? Duval, comme Cocagnac et Mouque, veut « faire vivre l'Évangile », formule souvent reprise dans l'apostolat de l'époque. Il faut transmettre des images intelligibles où l'auditeur pourrait reconnaître la figure de Jésus. L'exigence d'une parfaite compréhension du texte chanté a été réaffirmée depuis le Concile de Trente. Il s'agit

1. Joseph FOLLIET, Verso du disque *Le Père Didier*, Philips B76 537 R.

d'établir avec le public un langage commun qui rend accessible le message. Or dans les chansons du temps, « un des thèmes essentiels est celui de l'amour, qui n'est pas loin de représenter aujourd'hui – comme il en fut d'ailleurs à toutes les époques – 80 % sinon plus de l'ensemble du répertoire poétique [1] ». Les prêtres-chanteurs chantent aussi l'amour spirituel, pas sexuel : « Notre époque est plus spirituelle qu'on ne le pense. Les choses importantes ont une valeur sacrée pour elle : amour, travail, mort, au-delà, unité du monde, paix [2]... ». La puissance de l'amour du prochain, profondément liée à la paix, se réclame des valeurs évangéliques.

Pour ces chanteurs, la figure du Christ est centrale ; Cocagnac et Didier insistent en particulier sur la figure pascale. L'image de l'Église qu'ils promeuvent est christique, un Christ présent parmi les hommes, le Dieu des bonnes gens, mais l'Église comme institution et les clercs sont absents des paroles. Didier loue plus des figures saintes, François d'Assise, Antoine de Padoue. Cocagnac utilise les figures bibliques et Duval s'inscrit dans la veine évangélique : « Je ne pouvais me faire à la misère des autres, à la maladie des autres, à l'humiliation des autres, à la pauvreté des autres, à la solitude des autres. Pour ma misère à moi, pour ma solitude à moi, j'avais Jésus [3]. » Il

1. L. BARJON, « Réveil de la poésie dans la chanson », *op. cit.*, p. 827.

2. Jean TOULAT, « "Je chante les idées que j'aime" nous dit avant son 500e récital le R. P. Duval, le guitariste du Bon Dieu », *Courrier français*, 15 juillet 1961.

3. LUCIEN, *L'enfant qui jouait avec la lune*, Mulhouse, Salvator, 1983, p. 17. Autobiographie du P. Duval.

ajoute : « Ce désir de bonheur pour le monde est vraiment une pièce maîtresse de mon architecture mentale[1]. » Le Christ est la figure centrale de leur vision chrétienne, un Christ vainqueur de la mort, un Jésus compagnon des miséreux et des malades. « Quand Il viendra, Il essuiera les pleurs de toute ta vie [...] j'y crois, c'est le dogme peut-être le plus insolent du christianisme, humblement insolent[2]. » Le Christ duvalien est un copain, l'incarnation est au cœur de sa présence au sein des hommes pour partager leur destin. « Aimer Dieu sans aimer les gens est bigoterie. Aimer les gens sans aimer Dieu (si on le connaît) est illogisme de l'esprit. Aimer soi-même sans aimer les autres crée un monde invivable aux meilleurs des enfants des hommes[3]. » D'ailleurs cette espérance vaut ici-bas, Mouque et Duval louent le travail, la peine des hommes, l'espoir d'un monde meilleur et la solidarité fraternelle qui permettront de le construire. Il n'est pas nécessaire d'attendre le paradis[4].

L'amitié, que les chanteurs louent et promeuvent, est au cœur de leur système de pensée. Elle est la première étape de la découverte de l'humanité et de l'amour de Dieu. « Vous qui cherchez le Bon Dieu dans les nuages, vous

1. *Ibid.*, p. 18.

2. Parole prononcée par Duval en introduction de l'interprétation de la chanson « Le Seigneur reviendra » lors d'un récital public, *Aimé Duval en public 1959*, Archives Studio SM, CD, 1996.

3. Lucien, *op. cit.*, p. 118.

4. Les conceptions du chanteur divergent profondément des conceptions des catholiques intransigeants pour qui « la théologie catholique étant assise sur trois thèmes essentiels [...] : l'Homme est naturellement mauvais, le Progrès n'est pas indéfini, le Paradis n'est pas sur terre. » Jacques Marteaux, *op. cit.*, p. 488.

ne verrez jamais son visage… Le ciel n'est pas au bout du monde, il est juste au coin de ma rue. Le ciel, tu le feras sur terre avec tes bras. Loger, nourrir, vêtir, construire, faire la soupe, garder les moutons… Nous serons jugés là-dessus et non point sur nos rêves, même célestes [1]. » En œuvrant à la solidarité humaine, on fait œuvre de Dieu. La camaraderie est une des formes de la présence divine parmi les autres. Sur la pochette de son premier disque, « Seigneur, mon ami », Duval note : « Rêve du ciel tant que tu veux, appelle ton Seigneur tant que tu peux, mais ne quitte pas la terre des yeux. Terre et ciel sont soudés mystérieusement [2]. » L'homme peut, par son action, participer à la réalisation du projet évangélique : « Il faut faire son salut avec ses bras, son travail une camaraderie pour tous (car ceux qui n'ont pas l'amour du prochain, quelle espérance pourraient-ils bien posséder ?) avec la certitude que nous sommes déjà dans l'éternité [3]. » Le chanteur développe une mystique de la rencontre, et donne à son action une configuration christique. De son côté, Mouque loue « les gars et les filles », qui « jamais ils n'acceptent dans leur cœur que le monde meurt de faim, ils bagarrent, ils croient aux jours meilleurs aujourd'hui et demain […] dans la vie, c'est toujours l'amour qui gagne [4] ».

Les chanteurs condamnent la guerre. Pour la chanson « Il ne tient qu'à vous », Duval s'en explique au dos de la

---

1. Jean Toulat, *op. cit.*, 15 juillet 1961.

2. Aimé Duval, « Seigneur, mon ami ». SM 45-03 (1956).

3. « À la Réformation. Avec sa guitare, le Père Duval chante et fait chanter toute une jeunesse », *Le Journal de Genève*, 20 février 1962.

4. Didier Mouque, « Les gars et les filles », *Père Didier nº 4*, face B, Philips B77 730 L.

pochette du disque : « L'Homme Jésus-Christ m'a révélé le prix de l'Homme. C'est pourquoi je n'admets pas qu'on prépare de sang-froid d'en tuer des millions. Je dis "Non" inconditionnellement. Y'n tient qu'à vous d'en faire autant[1]. » De même, un de ses grands succès, « Balle dans le ventre », exprime ce rejet de la violence : « Croyant ou non, l'homme tue et meurt. La violence engendre la violence. La mort appelle la mort. Mais tous devinent que c'est du côté de l'Amour qu'il faut chercher une issue. Aimez-vous, le Ciel vous aidera[2]. » Le disque 2 de Cocagnac comprend aussi une chanson en faveur de la paix, « Petit David prit trois cailloux » : « Pourquoi m'avoir donné un fusil à porter un costum' militaire une capot' qui traine par terre Pourquoi nous faut-il donc franchir le mur du son si c'est pour échapper au cri des villes bombardées ? Le Seigneur l'a juré aux ouvriers de paix qu'ils seront appelés ses fils entre tous bien aimés[3] ! ». Le Père Didier partage ce même thème, dans la chanson « Malbrough » : « Bien d'autres partiront, / Joyeux Fusils, / Demain certainement, / [...] En Chine, en Amérique, / En France ou bien ailleurs. / [...] La guerre, la guerre/ Nous donne des héros. / La guerre, la guerre, / La guerre aura ta peau[4]. » Leur pacifisme rejoint « une forme sécularisée, laïcisée du prix que la révélation chrétienne

---

1. *Le père Duval et sa guitare*. Un homme à souliers ; Il ne tient qu'à vous ; Y a un temps ; Paix sur la terre. Mario Bua au piano. Barclay 71.166 M.

2. *Le Père Duval*. Plus beau que ciel ; Il y avait beaucoup de monde ; Fils de la terre ; Balle dans le ventre. Bel Air 211 040.

3. M. COCAGNAC, *Chansons bibliques 2*, Paris, Éd. du Cerf, 1958.

4. P. DIDIER, « Malbrough », *Le Père Didier chante*, Tapuscrit, p. 11.

attache à chaque âme [1] », qui prolifère en ce temps de guerre froide. Si l'objection de conscience n'est reconnue qu'en 1963, ce pacifisme lie profondément paix et vie et s'inspire des valeurs évangéliques. Ces prêtres-chanteurs rejoignent en cela une fraction importante de l'opinion publique [2], la peur atomique a hanté les années 1950, la poursuite de la guerre froide inquiète. Tous les trois expriment un net refus de la guerre et de ses justifications. Jeanine Deckers donne les royalties reçues lors de son exclaustration en 1966 à la Croix Rouge en faveur du Vietnam [3]. Déjà au début des années 1950, Duval reçoit deux avertissements du recteur du Collège Saint-Joseph à Reims : « Les élèves de 3e Division diraient qu'il n'y avait que deux Pères vraiment chrétiens dans la maison et deux surveillants, parce que tous quatre refuseraient tout service militaire si une guerre quelconque survenait et se feraient fusiller plutôt que de répondre à l'appel [4]. » Duval apparaît pacifiste à un moment où le débat est vif et où, souvent assimilé au progressisme et au communisme, il a mauvaise côte dans une Église atlantiste [5]. Le P. Pillain le retire du collège rémois et l'envoie à Dijon.

---

1. René RÉMOND, « Le pacifisme en France au XXe siècle », *Autre Temps*, 1984, no 1, p. 14.

2. Yves SANTAMARIA, *Le pacifisme une passion française*, 2004. D'autres chanteurs de la sphère catholique comme M.-C. Pichaud, qui sort en 1959 « Nous n'irons plus en guerre », partagent ce combat.

3. D. A. CHADWICK, *The Singing Nun Story : The Life and Death of Sœur Sourire*, El Dorado (Kansas), Wordmerchant Publications, 2021, p. 81.

4. Lettre du P. A. Valton au R. P. Provincial, 17 juillet 1953.

5. F. GUGELOT, « Un Jubilé entre guerre froide et paix », dans Esther DEHOUX, Caroline GALLAND et Catherine VINCENT (dir.), *Des usages de la grâce*, Villeneuve d'Ascq, Septentrion, p. 411-422.

La pauvreté est abordée selon la logique évangélique : « Et j'ai vu des homm's écrasés sous leurs peines. Des pauvres vaincus et des larmes humaines. Je leur ai donné l'Amour de Dieu[1]. » La misère est dénoncée. À plusieurs reprises, Duval insiste sur le rejet de l'argent, des rapports d'argent, et des riches[2], comme en témoigne un de ses commentaires de tour de chant : « Dieu, il est avec les fauchés, les paumés, il n'est pas de l'autre côté de la barrière, lui, il n'a pas d'argent en Suisse[3]. » Cette condamnation parcourt les expériences apostoliques des années cinquante. Ainsi Pierre, le héros du roman à succès de Gilbert Cesbron *Les Saints vont en enfer*, sur l'engagement missionnaire en milieu ouvrier, rappelle le message révolutionnaire des Évangiles : « Le Christianisme, c'est le monde à l'envers ! Les premiers seront les derniers... Heureux ceux qui pleurent !... Et malheur aux riches[4] ! ». Bien des détestations d'Aimé Duval l'inscrivent au cœur de ces années apostoliques : « Ce monde avare, dur, fricailleux, tel qu'il est. Ce monde qui a toujours les mots science et raison à la bouche et jamais le mot Tendresse[5]. » Il précise dans son autobiographie : « Je hais l'argent parce qu'il pompe l'air de mon espérance[6]. » La chanson « Si Dieu

---

1. Père DIDIER, *Chemins de Saint François, Rencontre*, Cantepi, Éditions de l'Épi, 1960.

2. Il est l' « Idol of the poor, the lonely, sick and lost ». *Dublin Sunday Press*, 26 août 1962.

3. Claude SARRAUTE, « Le Père Duval à l'Olympia », *Le Monde*, 16 janvier 1964, p. 12.

4. Gilbert CESBRON, *Les Saints vont en enfer*, Le Livre de Poche, 1955, p. 107.

5. LUCIEN, *op. cit.*, p. 40-41.

ne nous aimait pas » précise qu'« il n'aurait pas fait la terre [...] Tout ça en plein jour, il vient parler aux pauvres. Tout ça en plein jour, il leur dit son amour. » Ces textes oscillent entre des prises de position contemporaine, proches du catholicisme de gauche, et des épisodes classiques des textes saints. Les prêtres-chanteurs et leur public appartiennent aux générations marquées par une empreinte profonde et réactivée de la menace d'un conflit. Derrière une prise de parole pacifiste, de condamnation générale de la guerre [1], la position du Père Duval apparaît favorable à la fin de la Guerre d'Algérie. À la fin mars 1962, lors d'un concert à Ajaccio, « le Père Duval tenant sa guitare contre son cœur, comme si elle faisait partie de son être, chante l'amour, l'amitié, la fraternité. Il a des cris de colère pour la haine bête et inutile, pour la guerre, pour toutes les violences bêtes et inutiles. "Quelle importance, dit-il, que nous soyons Corses, Lorrains, Normands ou Algériens ? Quelle importance ? Ne sommes-nous pas tous des hommes, avec deux yeux et un cœur ? Des hommes..." [2] ». Alors que les accords d'Évian viennent d'être signés, cette prise de position montre qu'il est favorable à l'arrêt du conflit. Catho de gauche, Duval prêche la paix et la décolonisation au nom de l'Évangile. Liée à Madagascar, la « caisse Duval » finance de nombreux projets. Or, dès

---

1. À l'exemple de ces déclarations pendant le récital de Mulhouse, « la guerre est une séquelle infantile de la race [...] un monde heureux est possible et faisable ». Ch. B., « Le Père Duval, une vedette (et des chansons) pas comme les autres », *L'Alsace*, 28 oct. 1966.

2. Pascal BONTEMPS, « La grippe a donné au Père Duval une voix à la Charles Aznavour pour chanter l'amitié, et l'amour de Dieu », *Le Provençal*, 29 mars 1962.

1953, les évêques de l'île proclament la légitimité de l'aspiration à l'indépendance. Et en janvier 1957, Mgr Claude Rolland, évêque d'Antisrabé affirme : « Vous avez le droit et le devoir de désirer et de promouvoir l'indépendance de votre pays [1]. » Néanmoins, si leur inspiration partage certains traits de la contre-culture du temps (paix, misère...), rien de révolutionnaire chez ces chanteurs.

Cocagnac et Mouque combinent images et personnages de la Bible et des Évangiles en une construction poétique renouvelée mais ne sortent pas du cadre de l'Église enseignante dans leur rapport « vertical », tandis que Sœur Sourire et Duval usent d'images et d'exemples concrets, qu'ils substituent au langage biblique ou théologique dans un procédé « horizontal » envers le public [2]. Or cette dernière façon s'adresse à un public plus rural, plus ouvrier, plus populaire. Si les positions politiques de Duval sont avancées, celles sur les rapports sociaux, familiaux et amoureux apparaissent d'un conservatisme de bon aloi imprégné de religiosité.

---

1. Cité dans Émile POULAT, « La Guerre d'Algérie et son impact religieux », *Une église ébranlée*, Tournai, Casterman, 1980, p. 93.

2. Voir la définition des différents procédés de prédication. Jean-Marie MARCONNOT, *Comment ils prêchent... Analyse du langage religieux. Vingt-deux sermons de Toussaint*, Paris, Éd. du Cerf, 1976, p. 40.

2

Chanson à texte contre yé-yé

L'explosion de la chanson est favorisée par l'extension de son public grâce aux nouveaux modes de diffusion, telle la radio, le disque, puis la télévision. Le phénomène frappe l'opinion et interpelle l'Église : « Jamais les chansons n'ont bénéficié de tels moyens de diffusion. À la radio vient s'adjoindre désormais le disque microsillon [...] Le catalogue "Variétés" 1958 propose 9 000 disques différents [1]. » En 1965, la même revue acte : « En France, trente millions de microsillons ont été vendus en un an dont les deux tiers pour la chanson [2]. » La chanson s'est imposée comme un phénomène majeur, en particulier au sein de la jeunesse. 29 % reconnaissent que leur façon préférée d'occuper une soirée libre est le théâtre, les concerts et autres spectacles tandis que 20 % écoutent des disques [3].

---

1. Jacques CHARPENTREAU, « Chanson, Société, Poésie... », *Échanges*, nº 39, Noël 1958, p. 12.

2. Marie-Edmond, « ... des chansons... des idoles », *Échanges*, n 69, janvier 1965, p. 2.

3. Jacques DUQUESNE, *Les 16-24 ans*, Paris, Éd. du Centurion, 1963-1964 (enquête de l'Institut Français d'Opinion Publique), p. 163.

La variété française des chansons à textes est bousculée dans les années 1960 par le surgissement de la musique jeune, rock et yé-yé. Duval s'inscrit dans la première vague, celle d'un auteur-compositeur, avec l'appui d'un instrument, ce qui explique les comparaisons immédiates de la presse avec Bécaud et Brassens. « L'arrivée du rock-and-roll [...] fournit l'occasion d'une réflexion sur la nature et la fonction de la musique légère : l'on se demande si dans un panorama dominé par des chanteurs falots et des suiveurs de mode il y a vraiment de la place pour des auteurs et des interprètes de qualité, sensibles à l'évolution des mœurs et aux formes nouvelles que prennent les rapports affectifs (qui constituent le sujet habituel des chansons) [1]. » Au début des années 1960, la musique populaire se divise schématiquement entre la chanson traditionnelle pour un public adulte et de nouvelles propositions musicales spécifiquement destinées aux jeunes : le rock-and-roll et ses dérivés [2]. Pourtant, le chanteur à texte adapte aussi des inspirations américaines. Le récital du jésuite débute par des chansons traditionnelles du folklore, puis des morceaux étrangers américains (negro-spirituals) avant de chanter ses propres productions [3]. Or le passage du gospel au swing est à la racine du rock [4]. Si l'œuvre de Duval n'a rien à voir avec le culte, la liturgie ou les

---

1. Franco FABBRI, *op. cit.*, p. 696.

2. *Ibid.*, p. 698.

3. « Plus que jamais dans les années 60, l'impact du blues noir américain est considérable sur le marché du disque. » Jacques BARSAMIAN et François JOUFFA, *L'âge d'or de la rock music*, Paris, Ramsay, 1982, p. 13.

4. Florent MAZZOLENI, *Les racines du rock*, Paris, DL, 2008.

moments de pratiques, elle est une musique religieuse par ses thèmes mais également par certaines de ses sources américaines[1]. Adoption mais aussi adaptation, le modèle est francisé pour réaliser une synthèse culturelle originale. Duval n'hésite pas à importer ces sons étrangers et souvent protestants. Ce choix n'emporte pas l'adhésion de tous :

> Aucun chrétien [...] ne désire voir avilir la notion du sacré. S'il est attiré par la pratique religieuse, c'est qu'il désire s'élever [...] à la compréhension du sacré. [...] ce que nous cherchons à l'église, ce n'est pas le tableau démarqué du monde où nous vivons entre la radio, les vedettes, la presse et le courrier du cœur. Nous désirons vivement y trouver ce climat qui nous aide à prier. Il est inutile et dangereux de transporter dans le domaine liturgique le matériel sonore qui évoque tout cet appareil profane : le pouvoir d'association de la musique est redoutable, une mélodie transporte avec elle le souvenir des paroles qu'on lui a associées : craignons d'en être habités mal à propos[2].

Même une spécialiste de la musique d'église condamne l'intrusion tant des sons que des techniques contemporaines, car ces sons reflètent toute une société de la futilité, de l'éphémère. La séparation sacré/profane reste au cœur de l'interprétation des prêtres-chanteurs. Cette résistance à l'introduction dans le culte et les lieux de culte des inventions sonores ou visuelles (microphone, projection...) est

---

1. Ludovic TOURNÈS, *New-Orléans sur Seine. L'aventure du jazz en France 1917-1992*, Paris, Fayard, 1999.

2. Solange CORBIN, *L'Église à la conquête de sa musique*, Paris, Gallimard, 1960, p. 277.

présente déjà au début du XXe siècle. Mais Duval ne chante pas dans des églises, c'est l'association de la soutane et du spectacle qui est contestée.

L'artiste en concert crée une familiarité supplémentaire à celle de l'écoute. Le concert permet de s'identifier, il autorise aussi une fonction cultuelle. Ces clercs qui chantent bénéficient des progrès des techniques d'amplification sonore, comme le microphone, pour chanter de façon « confidentielle », dans un style plus intimiste, sans limiter la taille des salles [1]. Ils veulent faire communauté et communion. L'unité dramatique suscite le rituel, qui devient « un facteur de l'action sociale associée à des fins et à des moyens collectifs explicitement formulés ou non [2]. » Ce choix technique permet de créer une ambiance, un type de relation avec le public, une « présence » différente. Le lieu, même profane, devient, l'instant d'un tour de chant, un possible lieu de célébration. Or « le sentiment de connexion et de solidarité avec son auditoire fait partie du mythe et des représentations de la musique pop [3] », c'est aussi le cas avec les Pères. Le public et l'artiste partagent un moment de chant, de gestes, de mots. Le chanteur réclame au public une bonne volonté, qui élargit au-delà des fidèles et des croyants l'audience qui est la sienne.

---

1. Michel Lagrée remarque que l'apparition du microphone dans les églises transforme le climat des célébrations et peut-être ébranle le monopole ecclésiastique dans l'animation des assemblées. Michel LAGRÉE, *La bénédiction de Prométhée*, Paris, Fayard, 1999, p. 154.

2. Victor W. TURNER, *Les tambours d'affliction*, Paris, Gallimard, 1972, p. 300.

3. P. David MARSHALL, *op. cit.*, p. 178.

Alors que beaucoup de correspondants, surtout ecclésiastiques, parlent de récital, Duval use du mot concert, parfois avec des guillemets. Ce prêtre-chanteur réalise bien un récital, un concert donné par une personne ou un petit groupe de personnes[1]. La forme est hybride, mêlant chants, musiques et prises de paroles. Si le récital peut être noble, le music-hall ne l'est pas car trop lié au divertissement et au vulgaire. Le franchissement des frontières du religieux est bien au cœur des difficultés rencontrées par ces clercs qui aspirent à chanter pour tous hors des murs. Le P. Barjon rend compte favorablement du récital du Gaumont-Palace du P. Duval :

> Son mérite et son originalité ont été de comprendre la possibilité de faire de la chanson populaire, si bien accordée à la sensibilité des foules contemporaines, le véhicule des réalités invisibles [...] Une simple phrase mélodique, presque un murmure, quelques accords plaqués sur la guitare et nous voici comme éveillés au sentiment d'une présence. [...] Et ce que suggèrent seulement les mots, la musique saura le faire entendre. C'est elle qui dispose l'âme à l'accueil. [...] Rien d'autre que le rappel de cette vérité capable de démentir les théories modernes de l'angoisse, du désenchantement, de la solitude. Nous ne sommes pas seuls. Le Seigneur est avec nous, mêlé à toutes nos peines, nos joies, nos espoirs. Ce que chante le Père Duval ? Le Royaume de Dieu présentement à l'œuvre parmi nous[2].

---

1. Percy M. YOUNG, « Recital », in Stanley Sadie (ed.), *op. cit.*, p. 643.

2. Louis BARJON, « Le Père Duval à Paris », *Études*, avril 1957, p. 139-141.

Selon le P. Barjon, cette forme d'apostolat se heurte à une difficulté quasi insurmontable, même en distinguant les publics : « Le Père Duval n'aurait pas dû se produire dans les music-halls mais dans des récitals où seuls seraient venus les gens qui librement désirent l'entendre. Il n'y a pas de prêtres-chanteurs [1] », écrit-il un an plus tard. Parolier de la version française, saint-sulpicienne, de « Douce Nuit », Barjon n'est pas opposé à la musique, mais rejette l'idée d'une participation au monde de la variété. Quand le prêtre-chanteur se mêle aux autres artistes, gloires du moment, son intervention peut toucher un public qui ne serait pas venu au récital, mais il s'associe alors aux interprètes profanes. Dans des salles paroissiales ou/et des églises, la sacralité du lieu où son association à un espace sacré suffit à fournir un cadre augmenté de célébration. L'usage de salles publiques de spectacle ne permet pas de créer l'espace où le chant chrétien serait possible, le mélange des variétés ne crée pas les conditions d'une interprétation évangélique de la chanson.

Le risque est « l'emprise commerciale [...] Le système est simple : un succès en commande un autre. Si *Bambino* réussit, aussitôt une centaine de chansons de type italien vont voir le jour et seront *imposées* au public (par les passages à la radio, la publicité, les interviews, la presse, etc.) [2] ». En 1965, le critique Jacques Charpentreau acte ce passage de l'artisanat à l'industrie : « Comme tous les autres

1. « Le Révérend Père Barjon de l'Ordre des Jésuites face à la chanson : "la niaiserie me paraît la première immoralité de la chanson !..." », *Music-Hall*, mars 1958, p. 54.

2. Jacques CHARPENTREAU, « Chanson, Société, Poésie... », *op. cit.*, p. 15.

moyens de diffusion reposant sur une technique de démultiplication quasi-illimitée, la chanson est désormais à la fois un art et une industrie. [...] le support du disque, de la radio, de la télévision, a changé les données du problème : les rapports extérieurs de l'auditeur et de l'œuvre ne sont plus les mêmes. Ils sont facilités, et en même temps, soumis plus directement à l'emprise économique. [...] l'œuvre d'art est traitée comme une marchandise, le créateur comme un fabricant[1]. » Le P. Duval n'échappe pas à cette marchandisation. Son succès génère ses concurrents, Cocagnac et Didier. Il risque aussi de discréditer, d'affaiblir son message apostolique.

Après la Seconde Guerre mondiale, une culture musicale de masse naît avec l'urbanisation et l'uniformisation culturelle. La chanson devient un produit de consommation grâce aux progrès des techniques de production et de diffusion. Elle reste encore alors une pratique collective, même si les moyens d'écoute individuelle se développent. L'émergence, après 1948, des 33 tours – offrant 20 à 30 minutes de musique par face, contre seulement 4 minutes pour les 78 tours – puis celle des 45 tours, limités à 5 minutes d'écoute mais largement diffusés dans les jukebox et réservés à la musique populaire, change la donne et permet de multiplier les écoutes et les lieux d'écoute[2]. La possibilité de reproduction amplifie l'impact. « Pour 8 % des jeunes [...] elle (l'écoute de disques) est quotidienne ; 28 % des disques quelquefois par semaine, 23 % plus

1. Jacques CHARPENTREAU, « La jeunesse est une valeur sûre », « ... des chansons... des idoles », *Échanges*, n 69, janvier 1965, p. 14.

2. Jacques HAINS, « Du rouleau de cire au disque compact », in Jean-Jacques Nattiez (dir.), *op. cit.*, p. 916.

rarement et 31 % jamais[1]. » Les couvertures de disque diffusent à grande échelle les visages des chanteurs mais aussi des mises en image de leur message. Les galettes cumulent audibilité et visibilité et permettent la reproduction de l'écoute. Elles diffusent aussi une image de l'interprète, souvent associé à son instrument. Les trois hommes arborent leur tenue de travail, donc celle de leur ordre. Objets et symboles accompagnent la reproduction, une colombe, symbole du Saint-Esprit et de la paix, est présente tant chez Mouque que chez Duval tandis que Sœur Sourire, de dos, est au cœur de ses consœurs religieuses. Duval et Mouque mobilisent leur guitare. Sœur Sourire consacre une chanson à son instrument baptisée du nom de Sœur Adèle : « Pour répondre à la voix divine / Qui l'invitait à sa moisson [...] Adèle s'est vouée au Seigneur/ Et ses chansons partout proclament/ Que servir Dieu c'est son bonheur[2]. » Des photographies mettent en scène l'enthousiasme du chanteur, sa communion avec le public. À l'étranger, les mêmes arguments reviennent : « Dans quelques groupes d'Action Catholique Féminine on a remplacé la prière avant et après les réunions par une des chansons du Père Duval que les affiliées chantent en chœur[3]. » Chanter est une façon de prier, la chanson est une prière commune. « Cette spiritualité [...] anime [...] toute la renaissance apostolique de l'Église. Son principal caractère est d'être axée,

---

1. Jacques DUQUESNE, *op. cit.*, p. 171.

2. Sœur Sourire, « Sœur Adèle », *Chants de lumière*, 5e série, 45 tours, Philips, 1962.

3. Lettre du Padre Luis Martins Aparicio, Curé de la paroisse du Sacré-Cœur, Lisbonne au R. P. Misset, 10 mars 1959.

non plus sur l'individu, mais sur la communauté dans un esprit de mission [1]. »

La singularité de la proposition apostolique de Duval et Cocagnac est vite décelée : « Ce siècle aura tout vu puisque les jésuites et les dominicains jouent de la guitare [2] », précise un journaliste de *La Vie Catholique*. L'instrument s'implante. La maison Lumen, qui publie des disques pour le Cerf, maison d'édition dominicaine, crée une collection « Bible et guitare » qui accueille les premiers disques de Cocagnac. La guitare sèche, acoustique, est l'instrument des sociabilités festives, instrument de communion, celle des feux de camp, de la jeunesse en vacances [3]. « La guitare fut l'un des instruments emblématiques de cette utopie, symbole en musique de l'anti-académisme et des conceptions bourgeoises et élitistes de la musique [4] ». L'instrument ne s'associe pas naturellement à l'état de prêtrise [5], pourtant « La guitare est un instrument sans orgueil [6] », ajoute un reporter. L'image de cet

---

1. Adrien DANSETTE, *op. cit.*, p. 440.

2. Xavier GRALL, « Un dominicain », *La Vie catholique*, 2 juin 1957.

3. Gianni NUTI, *Manuale di storia della chitarra*, vol. 2, *La chitarra nel ventesimo secolo*, Ancona, Bèrben, 2009. En 1966, on compte plus d'un million de guitaristes en France. Anne-Marie Sohn, *Âge tendre et tête de bois*, Paris, Hachette, 2001, p. 91.

4. Cécile VANDERPELEN-DIAGRE, « Guitare », in Amandine Lauro et *alii*, *Mai 68 raconté par les objets*, Mons, Couleur livres, 2018, p. 130.

5. Duval a conscience de l'incongruité d'un prêtre avec une guitare. « Merci de m'avoir accepté comme prêtre, même avec une guitare. » Déclaration lors d'un récital en 1959 après avoir chanté « Le Seigneur reviendra ».

6. « Avec sa foi et une guitare, le Père Duval a conquis 8 000 personnes », *La Croix du Nord et du Pas-de-Calais*, dimanche 28 septembre 195(7 ?).

accessoire favorise ce rapprochement. L'humilité est une valeur cardinale de ces chanteurs, que l'instrument incarne. « La guitare est aux mains du Père Duval un moyen de contact avec tous [1] », écrit le P. Barjon ; elle crée des moments partagés, fraternels, au sein de la communauté des hommes. « Invitation à une expérience collective (la connivence des voix et des paroles), ils (les chants à la guitare) permettent de ressentir les émotions partagées [2]. » La symbolique véhiculée par cet instrument l'associe de plus à une musique populaire.

---

1. Louis BARJON, « Le Père Duval à Paris », *Études*, avril 1957, p. 140.

2. Cécile VANDERPELEN-DIAGRE, « Guitare », *op. cit.*, p. 129.

3

Un succès européen et mondial

Le succès est au rendez-vous. Aux disques, s'ajoutent les multiples demandes de concerts en France puis à l'étranger, en Europe puis au-delà des océans : « Enfin, on me demande des séances de partout : Institut catholique de Toulouse, Facultés d'Anger, Lille, Paroisses de St Nazaire, Nantes, Metz, le Gaumont à Paris (5 000 places assurées devant card. Feltin) etc[1]. » Duval cite précautionneusement la salle profane, le Gaumont, parmi bien des salles religieuses, et l'accompagne d'une autorité ecclésiale incontestable : l'archevêque de Paris. Néanmoins, avec le succès grandissant, les salles augmentent en taille et se laïcisent, alors que le prêtre intègre le milieu des chanteurs de variété. Il se retrouve alors en concurrence avec les autres interprètes. À Orléans, Brel et Duval chantent le même soir de 1961[2], tandis qu'en 1962, *Le Provençal* s'interroge : « Le Guitariste du Bon Dieu fera-t-il mieux que Johnny Hallyday ? » pour remplir l'Empire. La liste des salles le

1. Lettre de Duval au R. P. Provincial, Le Puy, 7 août 1957.

2. « Lundi 16 octobre 1961. À l'Artistic, Jacques Brel et le même soir au Royal, Duval ». *La République du Centre*, Orléans 18 octobre 1961.

démontre : Palais des sports (Lille, Lyon, Sedan, Toulouse), Palais des fêtes (Metz, Mulhouse, Nice, Strasbourg), salles des fêtes (Valence), salle Poirel à Nancy, cinéma (Nice, Gaumont à Paris), théâtre municipal (Colmar, Lyon, Perpignan) et théâtre antique de Vaison la Romaine, casino municipal (Nice, Pau), Cirque de Reims et de Troyes, Colisée de Roubaix, Olympia, Pleyel et Théâtre des Champs-Élysées à Paris. Les salles parisiennes sont incontournables, comme l'explique le supérieur de Duval à Nancy : « Une carrière artistique ne peut se passer du prestige de Paris et de la presse parisienne. Nous savons très bien qu'en définitive, ce sont les succès du Gaumont, de Pleyel et des Champs-Élysées qui permettent au Père Duval de remplir les salles de Province et des villes étrangères [1] ». À sa manière, le P. Duval profite et participe d'une démocratisation culturelle qui avance bien lentement faute d'infrastructures (d'où l'usage des palais des sports) et de prix attractifs. Les nombreux récitals du Père dans les petites villes de province expliquent aussi son succès, son dispositif scénique jusqu'aux débuts des années 1960 est simple et permet de livrer le récital dans des endroits peu conçus pour l'écoute de la musique. À l'origine, sur une estrade ou une scène, le Père Duval dispose d'une chaise et d'un tabouret sur lequel il appuie son pied. « Il se refuse à tout artifice de mise en scène ; il ne veut pas de lever de rideau [2]. » La simplicité même de sa présence, l'épure de son dispositif de concert est très étudiée. « Les raisons de ce succès [...] Les spécialistes n'en reviennent pas, car j'agis à

1. Lettre du R. P. Lepoutre au R. P. PC, 29 août 1961.

2. « Le Père Duval en Belgique », *Échos*, n° 1, février 1958, Province méridionale Belge de la Compagnie de Jésus.

l'encontre des règles du métier : j'arrive sans préparation, sans jeux de lumières, sans fard, sans belle voix [1] ». Or c'est ce que l'on attend d'un prêtre saltimbanque, une retenue ecclésiale dans les gestes et un dispositif scénique qui l'éloigne du spectacle. Duval et ses confrères prêtres-chanteurs doivent faire preuve d'une réserve de nature religieuse, qui conduit à l'effacement d'une partie des codes du spectacle (lever de rideau...). Il offre un spectacle à faible coût, sans luxe, qui peut attirer un public plus large. En 1957, son imprésario organise un concert au Vélodrome d'Hiver trop coûteux : « Le récital au Vélodrome d'Hiver a été remarquable. [...] On a de nouveau apprécié le caractère apostolique que le Père donne à ses chansons. Il y avait peu de monde. 3 000 personnes disent l'imprésario ainsi que le Directeur du Vel d'Hiv'. 4 000 à 5 000 disent les spectateurs. La publicité n'a pas rendu, soit qu'elle n'ait pas été faite aux bons endroits, soit que les places aient été trop chères (300-500-800 et 1 000) [2] ». Le prêtre a conscience de l'importance du coût, quant au public visé. À l'Olympia en 1963, elles sont de 20 nouveaux francs. Duval exige des prix bas et refuse toute assimilation à la culture savante socialement clivante pour un concert qu'il veut unificateur, interclassiste et intergénérationnel.

L'usage de salles de spectacle ne permet pas de créer l'espace où le chant chrétien serait associé immédiatement

---

1. Jean Toulat, « "Je chante les idées que j'aime" nous dit avant son 500e récital le R. P. Duval, le guitariste du Bon Dieu », *Courrier français*, 15 juillet 1961. « Je chante ce que je veux croire », note Sœur Sourire en 1963 dans son journal. Catherine Sauvat, *op. cit.*, p. 83.

2. Lettre du R. P. Bigo au R. P. Misset, Vanves, 21 mars 1957 (en anciens francs).

à une sacralité. Mais il ne constitue pas pour autant un obstacle à une célébration. Dès ce moment-là, les spectacles de chansons offrent une perspective spirituelle : « Le spectateur en revient comme nimbé d'un peu de l'aura dont l'apparition publique a rechargé la star[1] ». Le concert comble le besoin d'assimilation affective. Au tournant des années 1950-1960, s'amplifie, autour du concert, la fondation de communautés temporaires mais réelles. Ce partage soude ceux « pour qui la représentation de cet artiste fait sens[2] ». La nouveauté de ces prêtres-chanteurs n'est pas seulement d'user de moyens nouveaux, ceux de la variété, mais de mobiliser aussi des salles spécialisées dans l'accueil de spectacles musicaux ou autres pour regrouper les spectateurs et les convertir. Le concert met en présence l'artiste et son public, il crée une familiarité supplémentaire à celle de l'écoute. Il peut s'assimiler à une fonction cultuelle où admirateurs et adorateurs manifestent leur attachement dans un système rituel. Une sociabilité se constitue, dont la fonction première est l'identification « "la douceur d'être inclus" dans un groupe[3] » D'autant que les progrès techniques favorisent le contact entre l'artiste et le spectateur. Cette intensification des affects est renforcée par la force émotive du chant soliste. La valeur émotionnelle propre à la musique est couplée à celle des paroles. D'autant que Duval et Mouque accompagnent leurs chansons de prises de

1. Nathalie HEINICH, *De la visibilité. Excellence et singularité en régime médiatique*, Paris, Gallimard, 2012, p. 179.

2. P. David MARSHALL, *op. cit.*, p. 193.

3. Loïc VADELORGE et Ludovic TOURNÈS, « Rapport introductif », in *Les sociabilités musicales*, Publications de l'Université de Rouen, 1997, p. 11.

paroles abondantes, de commentaires nombreux qui sont indissociables du spectacle. C'est une réunion de famille, joyeuse et amicale que proposent les Pères, une musique qui rassemble.

L'ambiguïté subsiste sur la composition des spectateurs. Louis Barjon évoque les récitals successifs du Gaumont, du Vel d'Hiv', du Palais de Chaillot et de l'Olympia de 1957 à 1964 : « Combien parmi ceux-là mêmes qui ne partagent pas notre foi, sont venus librement l'entendre et l'applaudir. Mais il n'en va plus de même lorsqu'il s'agit d'introduire ce genre de chansons dans un spectacle de Variétés destiné de façon plus directe à un public non confessionnel. L'expérience [...] fut négative [1]. » Bien des concerts sont fréquentés d'abord par le public chrétien, comme le note André Blanchet : « Que voulez-vous, je suis curieux de phénomènes. Et je n'ai pas été déçu. Déçu, tout de même, je l'ai été quelque peu par la salle composée surtout, m'a-t-il semblé de catholiques [2]. » À l'étranger (Allemagne, Belgique, Espagne, Grande-Bretagne, Italie, États-Unis et encore plus à Madagascar), tous les récitals se font à l'initiative d'un organisme catholique. En France, quand il joue dans des grandes salles laïques, il est bien difficile de connaître la composition exacte des spectateurs. Pourtant, la majorité de ses récitals restent à l'initiative de groupements chrétiens ou en faveur d'une association d'inspiration chrétienne, à l'exemple d'un récital de Châlons-sur-Marne. En 1960, confronté

1. L. BARJON, *op. cit.*, p. 835.

2. André BLANCHET, « Le père Duval à Chaillot », *Études*, novembre 1961, p. 259-260.

à l'essor à la fois industriel et militaire de sa ville, l'évêque Mgr Piérard veut engager un projet de construction d'églises pour encadrer cette poussée démographique, mais l'argent manque. Une kermesse est organisée pendant plusieurs jours, les bénéfices seront affectés au financement de trois nouveaux lieux de culte. Le point d'orgue du programme serait un récital du P. Duval. Il bénéficie de l'appui du Provincial : « Je reçois au courrier de ce matin une lettre de Mgr Piérard [...] Il a trois nouvelles églises à construire. Pour cela, il organise à Châlons une exposition-kermesse en février prochain et, naturellement, il souhaite obtenir le concours du P. Duval pour une soirée, celle du 6 février. Est-ce possible ? Si oui, ce serait fort bien : nous avons en effet des obligations envers le diocèse de Châlons qui a accueilli volontiers le noviciat à St Martin d'Ablois et qui continue d'entretenir avec nous les meilleures relations [...] Si ce n'est pas possible le 6 février, voyez-vous d'autres dates à proposer[1] ? ». Les récitals participent donc de la politique de la Province de Champagne. Le programme de construction de l'évêque est ambitieux, une Sainte-Thérèse, un Saint-Antoine, avec des locaux provisoires de catéchisme et de culte aux Cités SNCF avant d'entreprendre une troisième église, Saint-Michel. Le journal de Reims, *L'Union*, rend compte chaleureusement de la venue du chanteur le 9 février 1960 : « Le Père Duval dit, en chantant, des choses auxquelles on ne pense guère, et cela dans un style auquel on ne pensait pas du tout. Il s'explique, il commente, donnant aux pauvres hommes, comme tremplin solide, la vie de tous les jours et il vous

1. Lettre du R. P. Misset au R. P. Lepoutre, 2 oct. 1959.

emmène loin, bien loin vers celui pour qui il chante “Monsieur Jésus-Christ”. Mercredi soir, sera une lumière qui brillera au milieu des grisailles de tous les jours. Ne manquez pas de venir vivre avec le Père Duval la joie qu'il chante[1]. » Les comptes rendus du récital pointent les mêmes attentes, un message évangélique de joie :

> Il (le chanteur) l'invita à chanter avec la joie, l'espérance et résonnèrent alors sous les voûtes du Cirque (plutôt habituées, soit dit en passant, aux cris des fauves humains pour certaines réunions populaires à Châlons), un immense chant d'amour, de paix et de bonheur. Le bonheur, le Père Duval s'attacha à nous le dépeindre comme quotidien [...] comme il dégagea le sens de l'espérance à travers toutes les déceptions, les tracas de tous les jours. [...] pour la grande joie des quelque 2 000 spectateurs au moins, serrés dans un Cirque où nombreux étaient ceux qui n'avaient pu trouver place. [...] Bref, le récital du Père Duval fut un triomphe. Il fut aussi un immense cri de joie et d'espérance des peuples vers Celui qui les a faits ce qu'ils sont[2].

La lettre-rapport de l'évêque au Provincial témoigne de son enthousiasme :

> La chanson est certainement le moyen d'expression le plus universellement agréé en notre temps. Leur « public » atteint par la télévision, la radio, le disque, est certainement plus nombreux que celui des cinémas [...] j'ai pu constater

1. *L'Union*, 9 février 1960.

2. D. L., « Chantant la Joie, l'Espérance et l'Amour, le “Guitariste du Bon Dieu” triomphe au Cirque devant plus de 2 000 spectateurs », *Union républicaine de la Marne*, 12 février 1960.

> l'extraordinaire popularité du P. Duval et le nombre étonnant des gens de tout âge qui connaissent et chantent ses chansons. Quant au Récital lui-même, il est vraiment bouleversant ! Avec une familiarité qui n'est jamais triviale, le Père accroche son monde, tout son monde... et il lui donne le Seigneur ! Il rend Dieu présent à son auditoire et son auditoire unanime accepte Dieu et le chante, depuis le général, le maire, le sénateur, le président du tribunal, le procureur de la République jusqu'aux soldats, aux gadzarts, aux agents et aux pompiers de service [1]...

Les principaux traits du succès Duval se retrouvent dans sa capacité à faire entendre le message évangélique et à faire communier la foule au sein d'un spectacle de joie et de divertissement.

---

1. Lettre de Mgr Piérard, évêque de Châlons au R. P. Misset, 12 février 1960.

4

Un apostolat jeune

Chanteur à texte, et même à thèse, Duval entre en confrontation avec la poussée yé-yé, c'est-à-dire l'émergence du rock comme musique de la jeunesse en France. Or se définir pour ou contre le rock revient à prendre position pour ou contre la jeunesse nouvelle. Duval chante alors que débutent les années de « prolifération sonore [1] ». Johnny Halliday sort son premier 45 tours en 1960 et chante à l'Olympia en 1962. La musique devient le centre de la culture juvénile [2] : « Nous voyons les mêmes films, nous aimons les mêmes danses, nous écoutons les mêmes disques », affirment plusieurs jeunes [3]. Écouter une musique plutôt qu'une autre est un choix social, qui identifie. Le P. Barjon le note : « Après un quart de siècle de chansons d'adulte, destinées à un public d'adultes [...] voici venir une chanson créée par les jeunes, pour les jeunes, interprétée par les jeunes, soutenue et applaudie par les jeunes, soucieuse non sans quelque agressivité de n'être entendue, comprise, aimée que par les jeunes. [...] prise

1. Jean-François SIRINELLI, *op. cit.*, p. 218.
2. Anne-Marie SOHN, *op. cit.*, p. 65.
3. Anne-Marie SOHN, *Ibid.*, p. 11.

de conscience de leur existence collective ; exigence de se faire admettre ; joie de pouvoir chanter librement, sous des formes bien à eux, leurs soucis, leurs revendications, leurs ambitions, leurs espoirs, leur angoisse aussi devant le monde difficile que leur ont légué leurs aînés[1]. » La musique contribue à l'affirmation et à l'identification de la jeunesse. Même si derrière cette jeunesse unique se superpose une pluralité de consommation culturelle particulière à ce groupe d'âge[2]. Or l'Église a élaboré ses mouvements de jeunesse sur l'appartenance à une classe sociale (paysans, ouvriers...) alors que s'esquissait une appartenance à un « milieu de vie » (monde rural, école...). La jeunesse se conçoit de plus en plus comme un monde spécifique au-delà des différences sociales. Une gamme de produits s'offre à ce nouveau marché, en particulier dans le domaine de la musique[3].

Or Duval est écouté par la jeunesse, dans un contexte où « les changements sont intervenus à un rythme si rapide en ces vingt-cinq dernières années, que les adultes sont incapables de les assimiler [...] Les enfants grandissent dans un monde qui était inconnu de leurs parents. [...] Ils ne s'intègrent à aucune structure religieuse, nationale ou

---

1. L. BARJON, « Où en est la chanson ? », *Études*, 1964/2 (t. 320), p. 213.

2. Robi MORDIER, « Crises des jeunesses, mutations de la jeunesse », *Matériaux pour l'histoire de notre temps*, 2004, n° 74, p. 62-69.

3. Bill OSGERBY, « "Il y a quelque chose dans l'air". Culture jeune et "subcultures" », in Laurent GERVEREAU et David MELLOR (dir.), *Les Sixties. Années utopies*, Paris, BDIC, 1996, p. 232.

éthique connue de leurs parents[1]. » Un phénomène social se dessine, la « montée de la jeunesse[2] ». « C'est la génération des "enfants de la guerre" qui précède immédiatement celle du renouveau démographique français (plus de 800 000 naissances par an) commencé par 1946[3]. » Le président des Semaines sociales de France, Alain Barrère, justifie ainsi le choix en 1961 du thème annuel (« La montée des jeunes dans la communauté des générations ») : « La jeunesse est un problème permanent, mais il se pose aujourd'hui avec une acuité particulière. On compte chaque année 200 000 naissances de plus qu'avant-guerre. Cet afflux de jeunes est une richesse pour une nation, mais à partir de 1965, ils vont déboucher dans la vie[4]. » Les Semaines œuvrent à « l'adaptation du catholicisme aux exigences de la modernité[5] ». Pour accompagner

---

1. Conférence de Margaret Mead à Londres en 1968, citée par Michel WINOCK, « Les années soixante des deux côtés du Channel », *Ibid.*, p. 214.

2. Voir Alfred SAUVY, *La montée des jeunes*, Paris, Calmann-Lévy, 1959. À la France des classes creuses succède des générations abondantes. L'expression a un vif succès dans le monde catholique. Lors des débats sur la déconfessionnalisation de la CFDT, le constat dressé pour justifier toute la réflexion est la « montée des jeunes » « problème majeur de notre époque ». Cité dans Franck GEORGI, *L'Invention de la CFDT, 1957-1970*, Paris, Les Éditions de l'Atelier – CNRS Éditions, 1995, p. 99.

3. Jacques DUQUESNE, *op. cit.*, p. 8.

4. Jean TOULAT, « "La montée des jeunes". Une heure avec M. Barrère, président des Semaines sociales », *La Voix lorraine*, 9 juillet 1961.

5. Claire TOUPIN-GUYOT, « 1962-1977. Les Semaines Sociales et le "Troisième homme" », in J. D. DURAND (dir.), *Les Semaines Sociales de France 1904-2004*, Paris, Parole et Silence, 2006, p. 77.

la réflexion des congressistes, un concert est organisé : « "La génération des toujours jeunes" sera représentée par Henri Colas et Joseph Folliet. [...] La génération "jeune" aura pour interprète le R. P. Aimé Duval [...] Enfin M.-C. Pichaud, le porte-parole de la "génération qui monte" reprenant [...] les thèmes éternels de l'amour, de la révolte et de l'espoir, nous fera pénétrer dans son univers plein de poésie et de charme [1]. » Le Père Duval, l'« ami des jeunes », y obtient un réel succès : « Le Père Duval [...] chante en effet les thèmes vrais, les situations vraies, les amours vraies [...] Le Père Duval désire que les jeunes participent vraiment à ce qu'il chante. Dans toutes les salles, sa sincérité et sa simplicité suscitent l'enthousiasme. Ses prédications chantées frappent les hommes, les jeunes car lorsqu'on chante une idée, c'est qu'on l'aime. Il est tellement plus facile alors de la faire aimer aux autres [2] », loue *Ouest-France*. Ce succès auprès des jeunes étonne et ravit à la fois : « Le fait prouve seulement que subsiste toujours, chez les jeunes, envers et contre tout, une soif de sincérité. [...] le jeune juge son époque sans illusion. Il sait qu'il y a un monde endormi dans son confort et un autre, coexistant au premier, voué, dès le premier vagissement, aux affres de la faim et à la misère. Et cette monstruosité l'écœure. Il sait aussi, le jeune, lucidement, que, plus que jamais, ça n'est pas l'esprit, mais l'argent qui mène le monde [3]. » Sur la pochette de son disque au Gaumont-

1. « Cinquante ans de chanson au cirque musical de Reims », *L'Union*, Reims, 8 juillet 1961.

2. *Ouest France*, 11 mars 1960 « Le Père Duval ami des jeunes ».

3. J.-L. Ironde, « Billet de Jean-Louis. Le troubadour du ciel », *L'éveil alsacien*, 17 mars 1960.

Palace, le Père Didier défend aussi cette jeunesse : « Écoutez l'ambiance de ce disque, regardez le reportage photographique de ce gala, quelle que soit votre opinion sur le monde et la jeunesse, vous en déduirez comme nous que tout n'est pas perdu [1]. » Le prêtre-chanteur participe des interrogations sur le devenir de la jeunesse et sa reconnaissance. Il est perçu comme un possible médiateur avec cette jeunesse dénommée « nouvelle vague » par Françoise Giroud [2]. Les chiffres de Georges Hourdin sont rassurants : « 73 % des jeunes interrogés sur la question de savoir s'ils croient en Dieu, répondent par l'affirmative [3]. » Mais « la jeune génération, si nous n'y prenons garde, va se détourner définitivement de toutes les grandes entreprises pour se mettre la tête sous l'aile et se consacrer exclusivement à l'organisation de sa vie privée, aux problèmes que lui posent l'installation professionnelle, le mariage et la pratique incertaine d'un christianisme désincarné [4] ». Il acte que « si la jeunesse est disponible à Dieu comme elle l'est pour le reste des grands problèmes humains, il ne faut pas la laisser s'en détourner complètement par lassitude. Nous n'avons pas le droit de ne pas songer, dès maintenant, à son évangélisation [5] ». Hourdin présente la nouvelle jeunesse comme une terre de mission. Il insiste plus sur les

1. Verso de *Père Didier n° 4*, Chants de lumière, Philips.

2. Françoise GIROUD, *La nouvelle vague : portraits de la jeunesse*, Paris, Gallimard, 1958 et M. H. PERRUCHOT, *La France et sa jeunesse*, Paris, Hachette, 1958. Pour Giroud, le film *Les Tricheurs* fut décisif.

3. Georges HOURDIN, *La nouvelle vague croit-elle en Dieu ?*, Paris, Éd. du Cerf, 1959, p. 28.

4. *Ibid.*, p. 12.

5. *Ibid.*, p. 17.

continuités que sur l'autonomie progressive d'un groupe générationnel, avec ses codes et son mode de vie. La jeunesse reste diverse et le public des prêtres-chanteurs n'est certainement pas le même que celui de Johnny Hallyday, mais là aussi les frontières sont poreuses. Louis Barjon consacre plusieurs articles à cette nouvelle jeunesse : « Situés entre l'enfance à laquelle ils ont cessé d'appartenir [...] et la maturité de l'âge adulte [...] ces adolescents s'éprouvent en porte-à-faux. Un âge en crise, en pleine mue. [...] d'où leur besoin de vivre au coude à coude et de faire corps. [...] Il s'agit d'abord d'être "entre soi"[1]. » Cette aspiration débouche sur des choix musicaux d'identification et de distinction : « ces productions [...] n'eussent jamais pu connaître la vogue dont elles jouissent à l'heure actuelle si elles ne répondaient pas quelque côté tout au moins, à certaines exigences fondamentales de l'adolescence contemporaine[2]. » Or Barjon fait une comparaison intéressante qui replace cette nouveauté dans un temps plus long : « Les "idoles" [...] sont devenues pour nos moins de vingt ans ce qu'étaient pour les adolescents des générations précédentes les héros de roman, les grandes figures militaires, les étoiles du cinéma, les géants de la route ou de l'aventure. À travers elles, toute une jeunesse exalte et adore sa propre figure[3]. » Deux visions, deux jeunesses s'affrontent sous la plume des adultes, qui prennent conscience de l'émergence d'un nouvel acteur social dont la chanson apparaît comme un des espaces

---

1. Louis BARJON, « Le Twist et les "copains" », *Études*, 1964/12 (t.321), p. 686-687.

2. *Ibid.*, p. 679.

3. *Ibid.*, p. 689.

d'expression et de communion. Claude Sarraute le résume bien dans *Le Monde* en 1964 : « D'où son ascendant sur un auditoire enthousiaste en grande partie composé de jeunes catholiques. Entre eux et lui, la communion s'établit, d'emblée. [...] Ils sont pris, conquis, bien décidés à s'engouffrer derrière lui sur ce pont jeté entre le jukebox et l'autel, entre la religion et la vie moderne [1]. »

Depuis les débuts du prêtre-chanteur, la presse oppose la jeunesse des récitals de Duval à celle des concerts rock. Bien avant le « chahut » de « Salut les Copains », place de la Nation les 22-23 juin 1963, les chanteurs yé-yé, version acclimatée du rock, sont perçus comme responsables d'une jeunesse violente et casseuse, à l'exemple de ceux de Vince Taylor [2] ou des Chaussettes noires [3], alors que les concerts du prêtre n'entraînent pas de débordements. Taylor, surnommé « L'Archange noir du rock », est un produit Barclay que le saccage du Palais des Sports de Paris par ses fans transforme en incarnation d'une jeunesse rebelle et branchée. La presse met en scène cette opposition. Dès 1957, le journaliste Willy Guiboud le note : « Le Père Duval S. J. pourfend la chanson noire. Il chasse le diable des couplets

---

1. Claude SARRAUTE, « Le Père Duval à l'Olympia », *Le Monde*, 16 janvier 1964, p. 12.

2. Son concert du 18 novembre 1961 au Palais des Sports « a dégénéré en baston générale. [...] Tout a été réduit en miettes, les dossiers de fauteuils arrivaient sur scène. Des millions de dégâts. » Fabrice GAIGNAULT, *Vie et mort de Vince Taylor*, Paris, Fayard, 2014, p. 45.

3. Autre produit Barclay, « Les Chaussettes noires » jouent en première partie de Taylor à l'Olympia. Philippe CROCQ et Jean MARESKA, *Eddie Barclay*, Paris, Pygmalion, 2010, p. 120-121.

populaires pour y substituer le Bon Dieu [1]. » Le choix de chanter dans le circuit de la variété amplifie la comparaison. Le concert parisien du Père au Palais des Sports en 1961 déchaîne la presse qui le compare à celui de Vince Taylor : « Au Palais des Sports de Paris saccagé quinze jours auparavant par les “fans” de Vince Taylor, le Père Amédée (sic) Duval, jésuite de choc et guitariste de l'église [...] Devant lui, 5 000 spectateurs aussi enthousiastes que ceux de Vince Taylor. Ce ne sont pas les mêmes. Beaucoup sont venus avec papa et maman. [...] Son public, hier soir, lui a fait une ovation qui, sans casse et sans blessés, en valait bien une autre [2]. » Une caricature de Moisan dans *Le Canard enchaîné* en 1961 ironise : un blouson noir est arrêté par un policier devant l'affiche du récital du P. Duval, le jeune homme répond : « C'est pas une chaine de vélo, eh ! C'est mon chapelet [3] !... ». Le bris ou non des fauteuils devient le symbole de ces deux jeunesses. Didier Mouque consacre une « complainte » aux blousons noirs. « Je suis devenu blouson noir. Jamais mon père jamais ma mère n'ont compris le fond de mon cœur le jour où j'étouffais mes pleurs sous un visage de colère. » La chanson est une dénonciation des adultes rendus largement responsables de la dérive violente. « Comment voulez-vous que je devine que c'est pour mon bien qu'on me tape dessus [...] j'ai pas l'amour de la discipline. »

1. Willy GUIBOUD, « Après une retraite-répétition dans son couvent de Nancy, le père jésuite Aimé Duval le “Bécaud de la foi”, va donner un récital à Montmartre », *France-Soir*, 11 février 1957.

2. « Ceux-la aussi sont enthousiastes mais ils ne cassent pas de chaises. Il en a fait des blousons de velours », *Paris-Presse*, 5 décembre 1961.

3. Caricature de Moisan, *Le Canard enchaîné*, 6 décembre 1961.

Dans son concert au Gaumont Palace, il précise avant de la chanter : « Ce n'est pas l'apologie du blouson noir [...] mais c'est une prise de conscience que nous devons tous avoir de nos responsabilités devant les jeunes [1]. »

Les prêtres-chanteurs servent d'intermédiaires entre une jeunesse en voie de constitution et le monde des adultes, choqué à la fois par la demande d'autonomie et les formes de rébellion de cette jeunesse nouvelle. Ils socialisent une partie de la jeunesse et offrent aux parents une alternative. Cette « nouvelle culture [2] » autour des vedettes ne plaît pas aux adultes ; les déhanchements des musiciens et les mouvements des spectateurs pendant les concerts choquent. Tandis que des écoutes debout commencent à apparaître dans les autres concerts, le public reste assis sagement dans ceux de Duval. Néanmoins, la presse signale que les frontières sont loin d'être étanches : « Pourtant, s'il y avait parmi eux, des blousons de velours, il y avait aussi bon nombre de blousons noirs [3]. » Une enquête de 1964 conclut d'ailleurs : « Le phénomène “blousons noirs” apparaît que comme un épiphénomène, très limité [4] ». Manière aussi de signaler que le public du Père dépasse les enfants du Bon Dieu et de bonne famille. Un récital du P. Duval tente de concilier l'impossible, une musique neuve, une place nouvelle accordée à la jeunesse, qui concrétise la montée de la culture et la sociabilité juvénile, et une

---

1. Père Didier n° 4, Philips B77-730 L, face B.
2. Jacques MARNY, cité par A. M. SOHN, *op. cit.*, p. 78.
3. *Paris-Presse*, 5 décembre 1961.
4. Jacques DUQUESNE, *op. cit.*, p. 238.

respectabilité morale propre à rassurer les parents, car sa proposition musicale est familiale et interclassiste.

Les prêtres-chanteurs s'inscrivent dans la transition entre le music-hall et le début de celui de l'industrie de la musique reproduite par le disque. « Les spécialistes de l'histoire du spectacle [...] se penchant gravement, dans quelques décennies sur l'an de grâce 1954, diront sans doute qu'il vit la renaissance du music-hall. [...] un goût moins exclusif du public pour le cinéma ; l'envie de voir [...] des chanteurs ou des “amuseurs” popularisés par la radio ; le relèvement du niveau de vie de l'ensemble de la population qui peut désormais se consacrer davantage à ses loisirs [1]. » Une nette amélioration de la situation économique et sociale croise l'émergence d'un nouveau groupe d'âge, ce qui favorise une pluralité d'offres de spectacles. Duval tente systématiquement de s'éloigner de toute forme de music-hall, qui serait inacceptable pour sa tutelle. Entre chanson à texte et inspiration anglo-saxonne, cet entre-deux est peut-être une source de son succès, même s'il soulève aussi des critiques. Ainsi, pour le récital du Gaumont-Palace, un journaliste s'en prend cette fois-ci au spectacle lui-même : « Vive le “Pater-noster-blues” ! [...] Pourquoi l'Église ne lance-t-elle pas carrément le “swing”, le “be-bop” et le “rock and roll” dans les églises pendant les messes ? Ma parole, elle craint que les “fans” de chœur ne brisent les prie-Dieu [2] ? ». Une fois de plus, la frontière sacré/profane est au cœur de la réception de cette nouvelle proposition apostolique.

---

1. Maurice Roy, « Les disques », *La Revue des Deux Mondes*, 1er novembre 1955, p. 171.

2. Gabriel Macé, « Bonjour ! », *Franc-tireur*, 18 février 1957.

Néanmoins, le prêtre-chanteur participe d'une meilleure réception de la musique des jeunes et prend à plusieurs reprises leur défense. Didier Mouque, dans sa chanson « La jeunesse », justifie le développement d'une musique spécifique liée à l'âge : « La jeunesse s'avance et chante ses chansons, des chansons de vingt ans, des chansons d'aujourd'hui [1]. » Le jésuite défend lui aussi les choix musicaux de la jeunesse : « Le Père Duval, qui ne craignant pas d'aller contre l'avis de beaucoup de gens, déclarait : – Le rock est un courant irréversible. On ne peut aller contre. Grâce à ce jésuite de choc, l'Église venait de jeter son avis favorable sur la balance du rock. Et pourtant le Vatican, il y a quelques mois encore, condamnait par la voix de son organisme officieux "l'Osservatore Romano" les danses modernes comme le cha-cha-cha et le rock'n'roll qui dégradent la dignité humaine [2]. » Derrière quelques pas de danse, il s'agit d'un choix de société. Or une des nouveautés du champ musical est l'appropriation par les jeunes de propositions musicales renouvelées à un moment de profonde mutation. « [Les jeunes] ont une mentalité nouvelle. Les systèmes de valeurs admis par les générations précédentes sont remis en cause de fond en comble [3]. » Un découplage se produit entre l'offre religieuse et la demande sociale dont la jeunesse est le précipitant

---

1. Père DIDIER, *Père Didier n° 3*, Philips 434 965 BE. Face B.

2. François VÉRAN, « Au procès du Rock'n'roll, vous êtes les jurés. Le Palais des Sports est passé de la folle nuit à la nuit mystique », *L'espoir*, Nice, 7 février 1962.

3. Militants CFTC du Crédit Lyonnais, dans G. ESPERET, « Rapport complémentaire », 1964, p. 11, cité in Franck GEORGI, *op. cit.*, p. 99.

immédiat. Le monde catholique s'inquiète « de l'influence de la mythologie yé-yé professant la réussite sans l'effort, la révolte non réfléchie contre l'ordre établi [1] ». Déjà avant la Révolution française, dans une tendance rigoriste, les prêtres menaient un vif combat contre les bals et les danses, en particulier le dimanche, tant ils étaient associés à la licence sexuelle. L'Église a continué à condamner les musiques et les danses émergentes, comme le tango après la Première Guerre mondiale, considérées comme lascives et sauvages. Devant l'inefficacité de ses condamnations, doit-elle changer de méthode et adopter celle des prêtres-chanteurs, christianiser la variété, développer une offre chrétienne alternative aux propositions du champ musical ? Adoptant un nouveau style musical, dans un but apologétique, et ainsi approcher une jeunesse qui s'éloigne du christianisme, Duval participe aussi de l'américanisation plus large de la culture [2]. Mais ce qui faisait sa singularité s'estompe alors qu'il ne répond pas mieux aux attentes de son public. Sa gloire suffit à entretenir la flamme, mais le chanteur « de charme » ne parvient pas à se muer en rock star. Le prêtre ne sera pas rocker, un des attraits de ses concerts s'estompe avec la mobilisation d'un orchestre, il y gagne en musicalité mais y perd en proximité. Duval peut être le Bécaud de Dieu, il ne sera jamais le Johnny divin.

D'autant que l'institution ecclésiale reste méfiante. À l'occasion des 24 Heures du Mans en 1961, Paris-Inter

1. Cité par A. M. SOHN, *op. cit.*, p. 92.

2. Dietmar HÜSER, « Le rock'n'roll américain dans les sociétés françaises et allemandes des années 1950 et 1960 », in O. Dard *et alii*, *Américanisations et antiaméricanismes*, Villeneuve d'Ascq, Septentrion, 2008.

organise le plus grand music-hall radiophonique de l'année, intitulé « 24 vedettes sur 24 heures » avec, entre autres, Roger Pierre, Jean-Marc Thibault et les Frères Jacques. Le troisième gala se tient le dimanche de 10 h 30 à 12 h 30, à l'heure de la messe dominicale. Le P. Duval est mêlé à René-Louis Lafforgue, Colette Deréal, Pierre-Jean Vaillard, Petula Clark, les Djinns, Tony Murena et son ensemble, et les Chaussettes Noires dont ce sont les débuts professionnels chez Barclays. Le groupe a sorti son premier 45 tours le 27 janvier 1961 [1]. Un second 45 tours sort le 24 février, mais le concert au Palais des Sports de Paris dégénère [2]. « Les organisateurs du spectacle de variétés qui aura lieu dans le cadre des Vingt-quatre Heures du Mans ont eu bien du mal à s'assurer le concours du Père Duval. Sollicité une première fois, il hésita et répondit qu'il était difficile à caser avec les “Chaussettes Noires”, qui figurent aussi à l'affiche. Puis il accepta, mais se heurta alors au refus de l'évêque du Mans. Les organisateurs ont pourtant réussi à le convaincre de se laisser fléchir [3]. » La réticence reste face à une participation au monde de la variété, du « music-hall ». Le risque de confusion, quand un prêtre se mêle à des groupes de spectacles, dérange.

---

1. Maurice ACHARD, *Dactylo Rock. Le roman vrai des Chaussettes Noires*, Paris, Flammarion, 1994, p. 59.

2. *Ibid.*, p. 70.

3. « L'évêque a fléchi », *Paris Jour*, 9 juin 1961.

5

Imprésario et professionnalisation

Comme toute carrière qui débute de façon fulgurante, celle de Duval suscite le besoin d'un imprésario : « J'ai demandé par la présente à Monsieur Maurice Seveno de représenter mes intérêts en ce qui concerne mes diverses prestations publiques (tour de chant). Cette demande concerne notamment l'organisation du gala du 17 mars 1957 au Palais des sports pour lequel je délègue tous pouvoirs à Monsieur Seveno. J'ai toutefois fait remarquer à Monsieur Seveno que j'étais moi-même soumis à une acceptation de mes autorités religieuses qui restent seules juges en dernier ressort[1]. » En 1957, le contrat que le R. P. Misset signe avec M. Seveno, le premier imprésario du chanteur, comprend spécifiquement une mention : « Le Père Duval devra toujours être libre de son temps, sans être astreint à un horaire incompatible avec sa vie religieuse[2]. » Pour sa tutelle, sa vie religieuse a le primat sur les contraintes imposées par les tours de chant. L'imprésario se met au travail et lui obtient rapidement une médiatisation plus forte. « J'ai l'honneur de vous demander de bien

1. Lettre du P. Duval, 26 février 1957.
2. Contrat entre le R. P. Misset et M. Seveno, 2 mars 1957.

vouloir participer à notre émission “Musicorama” enregistrée tous les mercredis à l’Olympia. M. Seveno, qui vous apporte cette lettre, va vous expliquer exactement la popularité de notre émission. Nous prendrions naturellement vos frais de voyage à notre charge et nous serions heureux de profiter de cette occasion pour offrir une somme de 50 000 francs pour vos bonnes œuvres [1]. » Première étape de la professionnalisation, l’engagement d’un agent booste la carrière du chanteur, mais menace le clerc en l’associant plus profondément au monde de la variété. Conscient de la menace, le Provincial y met le holà : « Je viens d’autoriser le P. Duval à donner encore deux séances à Paris durant ce mois de mars : une séance de 15’ à l’Olympia, le 6 mars, en vue de retransmission à Europe 1 ; un récital au Palais des Sports, le dimanche 17 mars. Quand j’ai été moi-même mis au courant, les choses étaient déjà pratiquement trop engagées (annonces, publicités, lettres aux curés des paroisses de Paris) pour qu’il soit possible de revenir en arrière. [...] L’extension de son apostolat par la chanson pose quelques problèmes délicats [2]. » Le R. P. Misset obtient la fin du contrat avec Seveno le 2 mars. La première tentative de professionnalisation du chanteur tourne court. Le monde de la variété et de l’argent inquiètent ses supérieurs : « La meilleure solution serait sans doute de lui donner un compagnon en permanence, mais comment trouver cet homme ! Pourrait-il faire équipe, de manière plus continuelle, avec le P. Gagey, celui-ci l’accompagnant non seulement dans les missions, mais encore dans les

1. Lettre de Lucien Morisse, directeur artistique, Europe n° 1, au P. Duval, 21 février 1957.

2. Lettre du R. P. Misset au R. P. Durand-Viel, 3 mars 1957.

tournées de séances plus importantes [1] ? ». Un collègue du P. Duval, le P. Noir, qui a la confiance de ses autorités et celle du chanteur, l'accompagne désormais.

Un autre signe de cette professionnalisation réside dans la tentation de conserver sa gloire d'artiste en suivant la mode. Jeanine Deckers aspire à sortir de la ballade pour créer des chansons plus en phase avec les goûts de la jeunesse [2]. Duval tente aussi de changer son registre musical pour coller à l'auditoire des treize millions d'auditeurs de 13 à 19 ans en 1963. Mais il échoue à négocier le virage des années yé-yé. Les thèmes de l'amitié et de l'amour le permettraient mais le prêtre-chanteur ne s'inscrit ni dans le registre musical, ni dans la forme des personnages du rock français américanisés, comme Johnny Halliday, Eddy Mitchell ou Dick Rivers. Même domestiquée, cette musique incarne une opposition aux générations précédentes qu'Aimé Duval ne peut dépasser malgré son statut de « vedette ». Les évolutions du show-business heurtent la carrière des prêtres-chanteurs. Cocagnac et Mouque renforcent leur orientation, soit en recentrant le chant sur l'accompagnement du service, soit en se consacrant à celui des croyants. La capacité du prêtre à toucher la jeunesse, c'est-à-dire un public perçu comme éloigné de l'Église, est un argument abondamment utilisé par Aimé Duval pour justifier la volonté du chanteur de modifier son registre et son genre musical après ses premiers succès :

---

1. Lettre du R. P. Misset au R. P. D'Haene, supérieur, 4 mars 1957.

2. Catherine SAUVAT, *op. cit.*, p. 134.

> Désirant les atteindre en masse, il a fallu que je change la présentation des chansons d'abord : Les paroles, toujours religieuses, sont moins pieuses que les premières. On parle surtout de l'homme, de son aspiration à la justice, à la paix, au bonheur, désireux de retrouver le Bon Dieu... Elles sont plus universelles, plus capables d'émouvoir et de toucher toutes les sortes de gens. [...] Quant à la musique, j'ai dû déployer les mélodies et les rythmes auxquels sont habitués les non-chrétiens, j'ai dû user de leur langue musicale pour me faire entendre. Les orchestrations [...] causeront, je pense, un peu d'étonnement chez les gens à qui l'orchestre ne suggère que danse et frivolité – Tant pis, cet étonnement ne durera pas plus longtemps que celui de 1956 avec les disques guitare [...] la nouvelle formule permettra d'élargir le cercle des auditeurs [1].

Une fois encore, le chanteur use de l'argument missionnaire pour justifier les changements de style et la volonté de se consacrer à sa carrière. Danse et frivolité, l'association de la chanson au plaisir, à l'éphémère reste l'obstacle majeur à la réception d'un apostolat inédit. Les multiples tentatives du P. Duval tant sur le registre, la présentation, le message ne parviennent pas à effacer la tâche originelle. D'autant que son entrée dans l'écurie Barclay modifie profondément la prise en charge de l'artiste et marque le passage du bricolage au professionnel. « L'orchestration moderne [...] Elle me vaudra à coup sûr l'audience des jeunes », affirme-t-il en 1960 [2]. Ce changement de style veut répondre à une demande, celle de jeunes dont la musique se distingue de plus en plus de celle de leurs

1. Lettre d'A. Duval au R. P. Misset, 6 janvier 1960.

2. « Brève rencontre avec le Père Duval », *Le Lorrain*, 25 février 1960.

prédécesseurs. « Il y a un Père Duval “new look” [...] le P. Duval reste le P. Duval pour le fond (c’est bien évident : il est prêtre et chante la charité) mais [...] pour la forme, il y a du nouveau ! L’orchestre prend le relais de la guitare ou tout du moins vient la renforcer[1] ». Le passage aux mains de professionnels du disque, conséquence du succès, modifie la forme des tours de chant. L’arrivée de l’orchestre illustre une double évolution, la volonté de coller aux demandes supposées du public pour rester une vedette et une professionnalisation qui entre en contradiction avec le personnage du prêtre-chanteur.

En février 1962, *Panorama chrétien* note que le P. Duval « a changé de genre ; il chante maintenant avec un orchestre et il pense moins au ciel[2] ». Cette évolution inquiète au sein de la Compagnie. Une lettre du Général, l’autorité suprême, parvient au P. Misset, provincial de Reims le 12 mars 1960 :

> Des nouvelles de presse annonçaient récemment que le P. Aimé Duval présentait ses chansons d’une manière moins simple que précédemment. D’autre part, son Supérieur est toujours inquiet de sa vie religieuse : prière, dépendance laissent beaucoup à désirer. On rapporte aussi un certain nombre de faits montrant un comportement regrettable pour un prêtre. Le tempérament de l’artiste et un genre troubadour qui est le sien ne suffisent pas à excuser tant d’irrégularités. Nous devons aider fermement le Père non seulement à rester fidèle à ses obligations sacerdotales et

1. Henry RABINE, « Le P. Duval : 3 récitals à Paris », *La Croix*, 16 février 1960.

2. *Panorama chrétien*, février 1962.

religieuses, mais aussi à maintenir son apostolat dans le genre simple et direct qui a fait son succès [1].

Ce changement le différencie profondément des deux autres prêtres-chanteurs, Duval le revendique : « Prêtre bien sûr, mais chantant pour tout le monde [2]. » L'extension du public justifie aux yeux du chanteur ce changement de registre de chansons et de pratiques musicales, dont le passage de la guitare seule à l'accompagnement orchestral. Les évolutions à la fois musicales et expressives du Père interrogent : « Que les thèmes aient changé [...] c'est sûr. [...] une volonté bien arrêtée chez lui de se libérer d'une certaine image du "chanteur en soutane", de ne pas se laisser accaparer par les auditoires bien-pensants [...] Il y a chez lui une intention marquée d'atteindre les incroyants, de leur parler de ce qui les touche, de chanter les valeurs auxquelles ils croient, de véhiculer et d'animer leur espérance. Est-ce à dire qu'il a changé d'orientation ? Non, pas [3]. » La tension entre les contraintes du prêtre-chanteur (morale, sacré/profane, censure) et l'aspiration à élargir son public entrent en contradiction. Le Père Duval court après l'air du temps : le succès nécessite, si l'on veut se maintenir en haut de l'affiche, de s'adapter sans cesse, pense-t-il. Il reconnaît lui-même que son répertoire évolue au tournant des années 1960 [4]. Il

1. Lettre du T. R. P. Général Janssens au R. P. Misset, 12 mars 1960.

2. Lettre du P. Duval au R. P. Misset, Nancy, 6 janvier 1960.

3. Joseph HANNESSE, « Le Père Duval s'est-il laïcisé ? », *Vie enseignante*, juin 1962.

4. « Confidence récente du père Duval : *Maintenant j'écris mes chansons pour les adultes...* Quand je pense que l'autocritique passe pour une spécialité marxiste », *Le Progrès Soir* (Lyon), 13 décembre 1961.

revendique en 1961 une étiquette nouvelle, celle de chanteur engagé. « Il vient de faire le tour du monde. Il en a rapporté [...] la ferme intention d'être désormais un chanteur engagé. – Ma nouvelle manière, dit-il, me fera certainement perdre quelques spectateurs mais elle m'attirera les chrétiens progressistes, les jeunes du P.S.U. par exemple. [...] j'en ai assez qu'on m'appelle le Bécaud de la soutane, le curé à la guitare, le missionnaire de l'âge atomique[1] ». Claude Sarraute résume bien la position du chanteur : « Le R. P. Duval affirma sa foi, sa confiance en Jésus, Dieu de justice, Dieu de colère : "Car la colère gronde – sur la terre comme aux cieux – car la colère gronde, – la colère du Bon Dieu"[2] ». Sa professionnalisation s'accompagne d'un engagement plus politique et moins évangélique, l'aspect fraternel s'estompe au profit de la « colère », de la révolte. Si Duval ne tombe jamais dans la lutte des classes, – il n'y a pas de trace d'influence marxiste dans les mots du Père –, il dessine bien une lutte des petits contre les gros, des miséreux contre les exploiteurs de la misère humaine. Les titres de ses chansons reflètent cette orientation, ainsi le disque chez Bel Air, s'intitulent *La faim et la misère* : « La faim et la misère, mon Dieu, défendez-nous. La nuit, le bruit, la guerre auront raison de nous[3]. » Le message terrestre l'emporte sur le message spirituel. Pourtant, le chanteur est progressivement hors-jeu malgré son effort pour s'adapter à la nouvelle configuration de la société[4]. Sœur Sourire connaît

1. *Paris-Presse*, 27 novembre 1961.

2. Claude SARRAUTE, « Le Père Duval à l'Olympia », *Le Monde*, 16 janvier 1964, p. 12.

3. P. DUVAL, *La faim et la misère*, Bel Air, 211046.

4. Ce parcours est proche de ce qui affecte au même moment les mouvements de jeunesse chrétienne. Claude PRUDHOMME, « Les

un sort identique même quand, sous son nouveau nom de scène, Luc-Dominique, elle entreprend de chanter des thèmes nouveaux comme en 1967, « La Pilule d'Or » sur la contraception. Il ne suffit pas de chanter dans l'air du temps et sur les sujets du moment. Le monde de la variété est impitoyable et consomme rapidement les succès d'un jour.

Ce changement correspond à la signature chez Barclay que Duval justifie dans une longue lettre auprès du P. Misset : « Deux disques nouveaux sortiront début du mois de février chez BEL-AIR (filiale de Barclay, mais poins (sic) marquée au point de vue genre, et plus soucieuse de toucher tous les milieux, – le mot Barclay ne figurera pas sur les pochettes, ni sur les étiquettes). Ils seront techniquement bien supérieurs aux disques S. M. Notre but, en changeant d'éditeur, était de toucher les milieux non-chrétiens et les jeunes particulièrement[1]. » Son insistance sur l'absence sur les pochettes de disque de tout signe les associant au nom du producteur montre à quel point l'aspect sulfureux, voire immoral, du personnage occasionne une gêne.

L'apport de Barclay se voit aussi dans la médiatisation : « Pour être davantage missionnaire, nous acceptons par avance de passer souvent sur les ondes et à la télévision, et non plus uniquement à l'occasion de Noël et de Pâques. [...] La maison Barclay est décidée à m'aider à élargir le milieu de mes auditeurs, à faire entendre partout le message des chansons. [...] Je crois que la joie des jeunes

---

jeunesses chrétiennes en crise (1955-1980) », in D. PELLETIER et J. L. SCHEGEL (dir.), *op. cit.*, p. 323.

1. Lettre du P. Duval au R. P. Misset, Nancy, 6 janvier 1960.

balaiera, comme la première fois, les critiques des chrétiens grincheux qui ne peuvent pas comprendre que le prêtre doit prendre les moyens de se faire entendre par-dessus les toits[1]. » La référence aux deux fêtes chrétiennes de Noël et de Pâques définit bien le clerc et son engagement, or Duval veut s'en détacher. Il rejette l'idée d'être un prêtre-chanteur cantonné aux scènes et fêtes religieuses. Tous les arguments sont déployés – tant ceux de l'apostolat, élargi, que de la qualité du travail, pour justifier le tournant de la professionnalisation ainsi que la multiplication des disques et des tours de chant.

C'est à une déconfessionalisation de leur pratique et de leur musique que procèdent Duval et Deckers, cette dernière allant jusqu'à quitter les ordres. Ce qui entre en contradiction avec son personnage – la calotte chantante de Brassens – et son positionnement par rapport au public, et donc avec son attrait. Ce processus, qui touche les chanteurs, les dépasse. L'abandon des références évangéliques au profit d'un humanisme, il est vrai, chrétien, marque un éloignement. Au même moment, en 1964, la CFTC entre aussi dans un processus de déconfessionalisation au nom de l'adaptation à l'accélération de la modernisation de la société[2]. Un courant « laïque-apostolique » affirme que « le témoignage des chrétiens doit être porté au milieu des hommes. Les chrétiens doivent militer dans les organisations ouvertes à tous les hommes et la transformation serait ainsi plus profonde[3]. » Les « jeunesses d'Église », patronages

---

1. Lettre du P. Duval au R. P. Misset, Nancy, 6 janvier 1960.
2. Franck GEORGI, *op. cit.*, p. 100.
3. Cité dans Franck GEORGI, *Ibid.*, p. 133.

paroissiaux mais aussi Scouts et Guides de France, Action catholique de l'enfance, JEC perdent la moitié de leurs membres entre 1963 et 1973[1]. L'avocat des religieuses de Ficheront, le couvent de Sœur Sourire, met des mots sur sa volonté de départ qui résonne avec ce processus : « Au fond, vous désirez vivre les nouvelles tendances du concile ; une présence au milieu du monde[2] ». Pourtant, écouter Duval revient à participer à un dispositif chrétien « sinon d'étiquette, tout au moins d'esprit. Il a une vocation, il se réfère à une doctrine, il tient à une reconnaissance. Plus exactement, il vit sur sa double vocation, l'une religieuse qui demande mandat, l'autre séculière qui suppose l'autonomie[3] ». Cet homme double est confronté alors à un déchirement : poursuivre la recette de son succès – mais celle-ci s'épuise face aux évolutions tant sociales qu'artistiques – ou bien renouveler les sources de son inspiration et de sa participation au monde de la variété, au risque de perdre sa différence. Pour rester en haut de l'affiche, il faut muer. « Une partie non négligeable de la carrière des chanteurs réside désormais dans une bonne stratégie médiatique visant à la construction d'une image jouant un rôle de plus en plus important dans les ventes de disques[4]. » Barclay

1. Gérard CHOLVY, *Histoire des organisations et mouvements chrétiens de jeunesse en France (XIXe et XXe siècles)*, Paris, Éd. du Cerf, 1999, p. 333.

2. Catherine SAUVAT, *op. cit.*, p. 97-98.

3. Émile POULAT, « La vie catholique en France de la Libération à la guerre froide », *Une église ébranlée*, Tournai, Casterman, 1980, p. 67.

4. Ludovic TOURNES, « Reproduire l'œuvre : la nouvelle économie musicale », in J.F. Sirinelli et J.P. Rioux, *La culture de masse en France*, Paris, Fayard, 2002, p. 246.

achève la starisation du prêtre. Et à terme son échec : en effet, sa singularité, son authenticité s'estompe dans les fureurs de la commercialisation, dans la course effrénée pour conserver sa popularité. Devenu un produit à part entière, « Barclay avait dès cette époque décliné le concept de l'artiste-kleenex, celui que l'on exploite tant que les alizés soufflent dans le bon sens, l'abandonnant lorsque l'on tombe dans la pétole [1]. » Cette évolution gêne ses autorités, elle confirme les reproches de ses adversaires en 1964 : « C'est sur la scène "de l'Olympia, temple yé-yé, le plus grand music-hall de Paris, que, en quelques chansons, vous avez mis tout le monde dans votre poche" », dénonce un prêtre [2]. La presse intransigeante, tout à son ressentiment de la défaite algérienne, ne cesse de faire le lien entre l'abêtissement de la jeunesse française dans la musique nouvelle et la décadence de la civilisation française à travers cette figure de prêtre : « Nous partageons la tristesse de quelques fidèles d'un Dieu dont on célèbre le culte ailleurs qu'à Olympia. [...] Pour nous Français, errants comme des brebis sans pasteurs [...], ne nous y trompons pas. Tout se tient, du père Duval à Mgr Duval, des yé-yé aux you-you [3]. » L'assimilation homonymique entre le prêtre-chanteur et l'archevêque d'Alger symbolise la double trahison.

1. Philippe Crocq et Jean Mareska, *op. cit*, p. 122.

2. Copie d'une lettre sans nom envoyée au P. Duval, Nancy, 26 janvier 1964.

3. Édith Delamare, « À la messe ! », *Rivarol*, 6 février 1964.

TROISIÈME PARTIE

LA VEDETTE, SES FANS ET SES DÉTRACTEURS

En 1950, 30 000 chansons sont déposées à la SACEM, dont 12 000 enregistrés[1]. Au moment où les pratiques musicales se redéfinissent dans un contexte de prolifération, alors qu'un rapport nouveau à la musique se met en place, l'efficacité de cet apostolat est démontrée par les ventes qui accompagnent le succès du Père Duval. « Le 1er disque [...] a dépassé 10 000 exemplaires en 3 mois à peine. Je cite textuellement la lettre du représentant qui m'écrit : "Vous êtes actuellement le best-seller, toutes catégories, devant... Brassens et les disquaires m'en font commande par 50."[2] » Cet auteur-compositeur-interprète participe à l'explosion générale de la chanson et du disque, 18 millions s'en vendent en 1952, 34 millions en 1961 et 62 millions en 1966[3]. Le premier mois de 1962, Sœur Sourire vend 40 000 disques. En six mois, elle en vend trois millions[4]. « Les disques caractérisent la jeunesse actuelle [...] expriment ses pensées, ses craintes, ses joies[5] ». Or le jésuite Duval vend plus que l'anarchiste anticlérical

---

1. Philippe CROCQ et Jean MARESKA, *op. cit.*, p. 59.

2. Lettre du P. Duval au R. P. Provincial, Le Puy, 7 août 1957.

3. A. M. SOHN, *op. cit.*, p. 81. Vingt-quatre millions de disques vendus dans l'année 1957 au début d'Aimé Duval. Philippe Crocq-Jean MARESKA, *op. cit.*, p. 193.

4. Catherine SAUVAT, *op. cit.*, p. 41 et 43.

5. Des lycéennes de Cahors, citées in A. M. SOHN, *op. cit.*, p. 87.

Brassens. Il est devenu une vedette de la chanson. Il bénéficie de la grâce populaire. Si la critique reconnaît la singularité des prêtres-chanteurs, perçue comme une marque de leur authenticité, le passage au professionnel les transforme en produit au moment de l'émergence des vedettes et stars, alors que les chanteurs de charme sont remplacés par les chanteurs à texte et les premiers rockers. Instrument nouveau, chanson à textes, acclimatation de modèles anglo-saxons, la combinaison de ces éléments explique en partie le succès de ces étoiles du show-business. Mais un prêtre peut-il être une vedette ? « Si c'est le système qui *fait* la star, c'est inséparablement le besoin qu'on a d'elle qui *crée* la star : simultanément marchandise totale et modèle culturel [1] ».

1. Émile POULAT, « Compte rendu d'E. Morin, *Les Stars* », *Archives de sociologie des Religions*, n° 5, 1958, p. 195.

1

Une vedette ?

La carrière du prêtre-chanteur éclôt alors que naît le star-system en musique et au cinéma. Ces nouvelles formes de vénération concernent de nouveaux objets en des lieux nouveaux, orchestrées par de nouvelles autorités. La chanson, comme le cinéma, est un produit qui mêle à la fois esthétique et industrialisation. La maison de disque façonne le personnage du chanteur. Cocagnac, Deckers, Duval et Mouque n'échappent pas au processus. Le hiatus entre l'image du clerc et celle de la vedette génère attraits, oppositions et débats.

Un prêtre doit être pieux, obéissant, charitable, saint de vie et modeste [1], la gloire est contradictoire avec son métier, son statut et son image. Le rejet du vedettariat est d'ailleurs fort chez le dominicain Cocagnac : « Depuis que le Père Duval est devenu en quelque sorte une vedette, le bruit s'est répandu qu'un dominicain, le Père Cocagnac, l'imitait, en composant lui aussi des chansons. [...] Il ne veut pas être une vedette de la chanson. Les chrétiens ont toujours chanté. Les chrétiens continueront à chanter. Quoi de plus naturel [2] ? ». Lors

---

1. Pierre PIERRARD, *op. cit.*, p. 23.

2. Xavier GRALL, « Un dominicain », *La Vie catholique*, 2 juin 1957.

d'une interview, Cocagnac prend la défense de ce nouvel apostolat : « Lorsqu'un ecclésiastique renfrogné me fait des remarques sur ce "prêtre qui paraît sur scène", je me retiens de lui demander s'il est capable, lui, de parler pendant trois heures de l'Évangile sans raser son public[1]. » Le désir d'une action apostolique efficace et renouvelée conduit le P. Duval à faire du chant et de la musique un moyen de diffuser la parole du Christ. « Tu ne voulais pas accepter ce titre de "vedette", mais que ton but est d'enseigner, d'emballer les foules, les jeunes, qui chantent tes chansons[2]. » Parolier, compositeur, il multiplie les concerts, relayés par le disque. La visibilité « médiatique » conduit à ce que « les sujets sont isolés de leur contexte originel et projetés dans un autre contexte doté de sa logique et de ses règles spécifiques[3] ». Or quoi de plus divergent que le prêtre et le saltimbanque ? Les critiques sont nombreuses, les soutiens aussi.

Le jésuite Pierre-Marie Hoog reconnaît que « le pieux se vend bien, hélas[4] ! ». L'aspect commercial, la publicité et l'argent heurtent alors que le choix de la chanson se révèle pertinent. « Son mérite et son originalité ont été de comprendre la possibilité de faire de la chanson populaire, si bien accordée à la sensibilité des foules contemporaines,

1. « Et pourquoi ne chanteraient-ils pas... pourvu qu'ils chantent Alléluia ? », *La Vie*, mai 1958.

2. Charles ANDRÉ, « Lettre ouverte au Père Duval », *La Liberté de l'Est*, août 1959.

3. Andrea BRIGHENTI, « Visibility. À Category for the Social Sciences », *Current Sociology*, vol. LV, n° 3, mai 2007, p. 339. Cité in N. Heinich, *op. cit.*, p. 24.

4. Pierre-Marie HOOG, S. J., « À la frontière de deux genres », *Échanges*, n° 39, Noël 1958, p. 28.

le véhicule des réalités invisibles [1]. » L'extension du public est favorisée par les nouveaux modes de diffusion telle la radio, le disque, puis la télévision. Le phénomène frappe l'opinion et interpelle l'Église. L'ampleur du mouvement est significative : « Jamais les chansons n'ont bénéficié de tels moyens de diffusion. À la radio vient s'adjoindre désormais le disque microsillon [...] Le catalogue "Variétés" 1958 propose 9 000 disques différents [2]. » En 1965, la même revue acte : « En France, trente millions de microsillons ont été vendus en un an dont les deux tiers pour la chanson [3]. » La chanson s'est imposée comme un phénomène majeur en particulier au sein de la jeunesse. « Solidaire [...] de cette industrialisation de l'art des Variétés, un autre fait capital apparaît : la mainmise de la jeunesse sur la chanson [4] », constate Louis Barjon.

Joseph Folliet, lui-même parolier, rappelle qu'« une chanson [...] la rencontre originale, singulière, irréversible, d'une mélodie, d'un rythme et d'une poésie fait un tout-puissant qui ensorcèle le cœur des hommes [5] ». Ce mélange attire et émeut. La revue *Informations catholiques* n'hésite pas à défendre le genre qui a mauvaise presse dans le monde catholique en 1957 : « Il est de bon ton de considérer la

1. L. BARJON, « Le Père Duval à Paris », *Études*, avril 1957, p. 139.

2. Jacques CHARPENTREAU, « Chanson, Société, Poésie... », *Échanges*, p. 12.

3. Marie-Edmond, « ... des chansons... des idoles », *Échanges*, n° 69, janvier 1965, p. 2.

4. L. BARJON, « Où en est la chanson ? », *Études*, 1964/2 (t. 320), p. 211.

5. Joseph FOLLIET, « Ce n'est rien, c'est une chanson », *Échanges*, n° 39, Noël 1958, p. 3.

chanson comme un genre artistique mineur et d'en déduire que son rôle et son influence sont négligeables. Mais c'est oublier que la chanson est comme la poussière, elle pénètre partout. Dispensée par la Radio, le Cinéma, passant de bouche à oreille [...] la chanson à succès atteint [...] la quasi-totalité d'une population[1] ». L'efficacité du support justifie ce choix. Duval s'en explique au recto de la pochette de son premier disque en 1956 : « Qu'ils feuillettent les piles de chansons chez les vendeurs ou qu'ils les écoutent à la radio à longueur de jour, les chrétiens restent sur leur faim. Sortis du lieu de culte, rencontrant le Seigneur dans la journée, s'ils peuvent le prier. Ils ont peu de choses à lui chanter. Nous vous présentons donc, à mi-chemin du chant liturgique d'église et des chansons au goût du jour fredonnées pendant le travail, quatre œuvres qu'il est difficile de classer dans un genre bien défini. Des chansons sans doute, elles ont le style parlé, la facture musicale et l'accompagnement de guitare leur siéent bien[2]. » Les arguments avancés par Duval pour justifier son premier disque le place bien hors du sanctuaire, mais s'adresse prioritairement aux croyants. Il s'agit au départ d'un accompagnement, d'une façon renouvelée et proche de la prière, de louer et d'évoquer Dieu. Néanmoins, l'espérance de toucher un public large et hors des lieux de culte justifie l'usage de la variété.

Déjà lors de sa formation à Florennes en 1944, le R. P. Subtil décèle combien le caractère du Père Duval

1. « "Le Seigneur reviendra". Le deuxième disque du Père Aimé Duval », *Informations catholiques*, n° 23, 1er mars 1957.

2. Aimé DUVAL, *Seigneur, mon ami*, SM 45-03.

se prête à ce type d'apostolat : « C'est un garçon intelligent et artiste. Il est spirituel à sa manière, et capable d'avoir beaucoup d'influence sur certains, et de bonne influence. Mais il est tout à fait indiscipliné. Il faut qu'il fasse sauter tout ce qui est cadre extérieur et contrainte. C'est plus fort que lui. Il prie, je crois, mais quand et comme il lui convient, et non selon les usages de la Compagnie », il ajoute qu'il a « une extrême sensibilité [1] ». Le charisme du chanteur se niche dans ces quelques lignes. Pour le journaliste Georges Ravon, Duval est « un curé de charme à la conquête de Paris ». « Cinq mille spectateurs emplissant le Gaumont Palace jusqu'aux derniers gradins, dans un silence impressionnant. Face à cette forêt de visages, il est tout seul, tout petit, tout perdu, devant le rideau de fond en velours d'or. Un chandail sur sa soutane [...] Un masque ascétique, un front lumineux, des cheveux très noirs, des yeux bleus [2]. » L. Barjon, qui a assisté au même concert, conteste cette attribution : « Il y a, bien sûr, l'attrait de la curiosité suscitée par ce chansonnier en soutane, au visage de Pierrot ascétique et de troubadour extasié. [...] Rien chez lui [...] de la vedette, encore moins du "chanteur de charme" [3] ». L'expression n'est pas neutre, des chanteurs de charme hantent alors la scène, Tino Rossi, Georges Guétary et Gilbert Bécaud [4]. En 1955, Paul Guth avance trois raisons au succès de ce dernier : « Désormais moi aussi

1. Notes du R. P. Subtil sur Aimé Duval, 1944.

2. Georges RAVON, *op. cit.*, p. 3.

3. L. BARJON, « Le Père Duval à Paris », *Études*, avril 1957, p. 139.

4. Duval est dénommé par la presse le « Bécaud de la soutane » ou le « Bécaud de la foi ».

je casserai les strapontins et j'en ferai des feux de joie devant tous les music-halls où il se produira. D'abord son charme. Une grâce de jeune premier[1]. » Il ajoute : « Gilbert Bécaud apparaît au premier regard comme un comédien autant que comme un chanteur. Il joue ses chansons, avec une précision de gestes vibrante[2]. » Enfin, « il est le jeune premier romantique qui offre un bouquet[3] ». Duval bénéficie aussi de certains traits de cette figure, dans le charme du personnage, sa volonté de ne pas seulement chanter mais d'interpréter ses chansons. Autre trait, il loue l'amour. L'étiquette de « chanteur de charme », peu conciliable avec son statut de prêtre, ne convient pas par d'autres aspects. Si l'émotion produite par ses chansons est plus sentimentale qu'esthétique, elle n'est pas sensuelle. De plus, à la « parade vocale », ne s'ajoute pas la « parade vestimentaire[4] ». La soutane et le chandail par-dessus ne font pas assaut d'élégance. Et si Duval parle aux femmes, il ne les séduit pas. Tous les témoignages évoquent cette présence, un homme seul face à la foule, son ascèse – il ne s'agit pas ici d'un gros clerc débonnaire – et la puissance de son regard : « Sa popularité tient pour beaucoup à son extraordinaire don de “sympathie” avec l'auditoire[5] », qui font de ces

---

1. Paul GUTH, « Cirque, Music-hall, cinéma », *La Revue des Deux Mondes*, 1er décembre 1955, p. 496.

2. *Ibid.*, p. 497.

3. *Ibid.*, p. 498.

4. Michel LACROIX, « Julio Iglesias, chanteur de charme », *Esprit*, n° 112, mars 1986, p. 72.

5. Joseph HANNESSE, « Le Père Duval s'est-il laïcisé ? », *Vie enseignante*, juin 1962.

récitals une « veillée familiale[1]. » Il demande ainsi au public dans un concert en 1959 de pouvoir « garder ce ton familier qui convient aussi à une soirée où l'on parle beaucoup de Jésus[2] ». Il n'hésite pas à interpeller la salle, à dire les paroles puis à les reprendre en chantant avec le public. Ainsi avant d'interpréter la chanson « Seigneur, mon ami », il propose à la salle : « Si vous vouliez m'aider à créer une chic atmosphère familiale là, vous voudriez la chanter avec moi[3]. » Et l'adhésion du public est réelle. Un charisme plus qu'un charme, l'amour mais l'amour de Dieu.

Car « il ne faut à aucun prix que le P. Duval entre dans le circuit des vedettes parisiennes [...] Chanter à l'intérieur d'une manifestation catholique, ou pour un groupement catholique, oui ! Mais le concert pour le concert, est à mon avis une voie dangereuse pour lui : son équilibre spirituel risque de ne pas résister. Moins il sera à Paris, mieux cela vaudra[4] », s'alarme son supérieur. Or « Le R. P. Duval est une vedette consacrée[5] ». Un dialogue avec l'idole se met en place, où la projection/identification est amplifiée par la culture de masse, la presse, la publicité et la loi du profit. Mais un prêtre peut-il être l'idole des jeunes[6], offrir un lien

---

1. Lettre du P. Corset, Recteur de l'École St Joseph de Lille au R. P. Misset, 24 mars 1957.

2. Paroles introductives au récital, *Aimé Duval en public 1959*, Archives Studio SM, CD, 1996.

3. Paroles introductives à l'interprétation de la chanson « Seigneur, mon ami », *Aimé Duval en public 1959*, Archives Studio SM, CD, 1996.

4. Lettre du P. D'Haene (supérieur de Nancy) au R. P. Misset, Nancy, 11 mars 1957.

5. *Le canard enchaîné*, 24 janvier 1962.

avec un au-delà de l'homme et du monde où il vit qui soit autre que le catholicisme qu'il professe ? Pas de vedette sans fans, y compris pour le curé chanteur. Être fan, c'est appartenir à un groupe plus grand que soi. L'adhésion vous lie à une communauté et permet à chacun d'assumer dans l'espace public ce statut social[1]. Il peut être transgressif d'être fan, même d'un prêtre-chanteur. La bienveillance parentale est néanmoins certainement plus facile à obtenir dans ce cas qu'avec d'autres stars du moment. Plusieurs observateurs le notent et parfois s'en inquiètent. C'est le cas du P. Corset, recteur de l'école Saint-Joseph de Lille, qui écrit le 24 mars 1957 : « J'ai essayé de défendre le Père Duval comme j'ai pu. Mais les gens sont vraiment indiscrets et forcent toutes les consignes, à commencer par les jeunes filles, qui, pour avoir un autographe, étaient venues de Lens, d'Armentières et tâchaient de s'insinuer dans le hall du collège[2]. » L'attitude du P. Duval envers les fans ne le distingue pas des autres vedettes. Il signe ses disques à la fin des concerts, rencontre ses admiratrices et admirateurs à diverses occasions. Les photographies des concerts et des dédicaces dévoilent un grand nombre de femmes et de jeunes filles autour de lui. Ses relations avec elles semblent néanmoins sans ambiguïté – et dans la correspondance entre les dirigeants de la Compagnie, la question n'est jamais abordée – ses autorités

6. Marie-Christine POUCHELLE, « Sentiment religieux et show business : Claude François objet de dévotion populaire », in J.-C. SCHMITT, *Les saints et les stars*, Paris, Beauchesne, 1983.

1. Clément GUILLET, *Sociologie du fan*, Éditions universitaires européennes, 2011.

2. Lettre du P. Corset au R. P. Provincial, 24 mars 1957.

de tutelle s'inquiètent pourtant de cette ferveur mais pour protéger le Père, pas les admiratrices : « Un service spécial était créé et avait pour mission d'intercepter les lettres d'amour. [...] Dans une missive enflammée, une dame britannique de confession anglicane, avait même promis de se convertir si le Père Duval consentait à la confesser quotidiennement. Jeudi le Révérend Père [...] (est) de retour sur la côte. [...] Les admiratrices sont priées de se montrer discrètes[1]. » La ferveur des fans féminines est critiquée à plusieurs reprises aussi dans la presse[2]. L'univers d'A. Duval reste néanmoins un univers masculin, comme le note Camille Rameau, dans *L'Express*, le 25 février 1960 : « Pour se mettre à l'unisson de son auditoire, et pour montrer que malgré la soutane, on reste un homme, on parle des petites amies, des femmes ou du verre de rouge ; on "cause mécanique", locomotive, moteurs[3] ». Les conduites d'admiration ne se cantonnent pas au concert. L'amplification de la médiatisation est favorisée par des moyens techniques de reproduction comme les disques.

Il devient célèbre, signe chez Barclays, tandis que Mouque signe chez Philips. Il existe une grande concentration dans le monde du disque, ainsi de grands groupes (Pathé, Philips,

---

1. Claude MARAIS, « Nice-Riviera », *Le Provençal*, 18 nov. 1960.

2. Aucun document ou aucune dénonciation ne permet pour A. Duval et D. Mouque de signaler des comportements condamnables envers les femmes et les jeunes. Les dénonciations autour de M. Cocagnac portent sur une autre phase de sa vie que sa « période » musicale.

3. Camille RAMEAU, « Récital. Le Révérend Père Duval, SJ », *L'Express*, 25 février 1960.

Barclays) signent les prêtres-chanteurs. Sœur Sourire est aussi produite dans la collection « Chants de lumière » chez Philips. Pour les hommes, les maisons de disque usent de leurs images et mettent sur les pochettes leur visage. Or, pour la femme, c'est une photographie de la chapelle de Vence de Matisse : « Nous sommes en complet accord avec les supérieurs du Monastère des Dominicaines Missionnaires de Fichermont, pour penser qu'il était sage que cette novice demeure dans l'anonymat de sa clôture [1] ». Elle ne se produit donc pas en concert avant sa sortie de l'Ordre en 1966. Même son nom est un produit marketing, résultat d'un concours organisé pour le choisir [2].

L'anonymat préservé de la chanteuse, alors qu'elle appartient comme les autres à un ordre missionnaire, illustre un des enjeux du clerc créateur. Longtemps la production pieuse, en particulier littéraire, se revendiquait anonyme. Ce choix des autorités de la chanteuse présente l'anonymat comme une vertu majeure. La tentation mondaine doit absolument être évitée. Pourtant ils sont, à un moment ou à un autre, contraints de passer sous les fourches du mercantilisme musical. Cocagnac reste fidèle à une maison chrétienne, même Mouque, qui signe chez Philips, le fait dans la même collection, « Chants de Lumière » – celle de Sœur Sourire, qui se consacre aux chansons

1. *Sœur Sourire*, 33 tours, Philips, B 14 081 R, 4e de couverture. L'anonymat a été imposé par l'évêque de son diocèse. F. DELAPORTE, p. 35. Journal de sœur Luc-Gabriel, Pâques 1962 : « Je ne chanterai pas en public pour les mêmes raisons d'humilité : “Pour une religieuse ça ne se fait pas (ou pas encore !)”. » Cité dans F. DELAPORTE, *Ibid.*, p. 41.

2. F. DELAPORTE, *Ibid.*, p. 35.

d'inspiration chrétienne. Duval seul signe chez un groupe mercantile sans but d'apostolat. Le développement de la figure de l'artiste croise la stratégie des labels discographiques et la quête du public avec le développement des moyens de reproduction. Les labels disposent de moyens d'enregistrement de qualité supérieure et de capacité de promotion et de distribution à grande échelle. De plus, ces chanteurs offrent l'assurance d'une qualité morale qui permet une assistance familiale. La sympathie que génèrent les prêtres-chanteurs participe de l'attrait de leur tour de chant. Les interventions publicitaires, médiatiques (interviews dans la presse, passage à la radio ou à la télévision), qui accompagnent le concert ou/et la sortie du disque, participent de cette familiarité. L'achat du disque et son écoute, ainsi que le déroulement du spectacle (d'où l'importance du choix de la salle et du moment de l'année mais aussi de la sélection des chansons et de leur ordre de passage), cristallise ce succès. Ce tour de chant doit rendre présent le Christ ; le sermon s'introduit entre les chants, quand il n'est pas doublé par la chanson elle-même. Or le concert n'est pas une messe chantée, il ne respecte pas la codification des cérémonies chrétiennes. Il n'assure pas une fonction eucharistique même s'il peut parfois prendre la forme d'une action de grâces rendue par le spectateur. Pour le dominicain et le franciscain qui interprètent des chansons chrétiennes, le risque est faible. Pour le jésuite, l'enjeu est plus complexe.

2

Des réceptions contrastées

Le succès des prêtres-chanteurs montre la bonne réception par le public de cette forme nouvelle d'apostolat. Rares sont les contradicteurs, même si des débats parfois surgissent. Didier Mouque évoque cette réticence dans une chanson : « Si je reste dans mon église à contempler des pierres grises, quelques braves gens se prennent à murmurer : on ne voit jamais le curé [...] Si par hasard je gratte une guitare, ils crient : c'est bizarre. On aura tout vu, Seigneur Jésus, on ne s'y reconnaît pas [1]. » Les attaques anticléricales sont exceptionnelles, l'opposition vient surtout en interne. L'apostolat par la variété est reçu de façon divergente, les laïcs l'accueillent favorablement, les clercs moins. La revue *Échanges*, publiée par les Sœurs auxiliatrices, se veut un regard chrétien sur le monde d'aujourd'hui. Dirigée par Françoise Vandermeersch, elle se situe dans l'aile du catholicisme ouverte à la modernité [2]. À sept ans de distance, deux numéros sont consacrés à la chanson. Le numéro 39, à la Noël 1958,

---

1. Père DIDIER, *Père Didier* n° 4, face B chanson « Rouge ou bleu ». Philips 77 730 L.

2. Sabine ROUSSEAU, *Françoise Vandermeersch. L'émancipation d'une religieuse*, Paris, Karthala, 2012, p. 43-50.

s'intitule sobrement *la chanson* tandis que le second intitulé... *des chansons... des idoles*, paraît en janvier 1965. Le premier veut cerner « cette prodigieuse vogue [1] » de la chanson, le second s'interroge sur « la production des idoles et [...] la consommation qu'en fait une certaine jeunesse [2] ». La revue se distingue déjà de positions plus conservatrices au sein de l'institution ecclésiale en cherchant le sens à donner à cette floraison de chansons, dont elle défend le côté artistique, poétique. L'éditorial du premier numéro justifie de s'intéresser à ce sujet « apparemment léger » : « Si on a pu dire que la chanson est le miroir d'une époque, ne peut-on affirmer aussi justement qu'elle la façonne ? [...] La chanson est un art, elle pénètre donc jusqu'à la profondeur de l'être. [...] La vraie chanson est celle qui traduit l'âme du monde à la recherche du bonheur. Cette chanson peut donc être l'occasion d'arrêt sur des valeurs purement humaines ou d'ouverture au Divin [3]. » Cette quête de la valeur spirituelle de la chanson contourne la question morale : « Ne portons pas trop facilement des jugements catégoriques sur la moralité des chansons. [...] Les chansons expriment encore la Foi. Notre vie en Foi se situe dans la vie incarnée, humaine, les pieds sur la terre. Il n'est pas étonnant qu'elle se traduise en chant [4]. » Ce premier numéro partage les positions des prêtres-chanteurs,

---

1. Philippe Soupault, « La chanson dans l'histoire des hommes », *Échanges*, n° 39, Noël 1958, p. 7.

2. Marie-Edmond, « ... des chansons... des idoles », *Échanges*, n° 69, janvier 1965, p. 2.

3. Marie-Edmond, « La Chanson », *Échanges*, n° 39, Noël 1958, p. 1. Ce texte figure en 4e de couverture du numéro de 1965.

4. Notes prises lors d'une conférence de l'abbé David Julien en 1958, « L'art du peuple », *Échanges*, n° 39, Noël 1958, p. 11.

valorise la chanson et fait primer l'impact spirituel du média sur les risques moraux au moment où triomphe la chanson française à texte. La seule menace serait la « vulgarité », résultat de la facilité commerciale et de l'invasion d'Outre-Atlantique. Une « chanson d'inspiration chrétienne » saine serait possible, définie ainsi par le jésuite Pierre-Marie Hoog : « Ainsi peut-on espérer arriver à obtenir, ce qui est le vœu de tous, que ces chansons profanes qui, soit par la mollesse de leur rythme, soit par les paroles souvent voluptueuses et lascives qui les accompagnent, constituent habituellement un danger pour les chrétiens, particulièrement les jeunes, disparaissent et cèdent la place à celles qui donnent une joie chaste et saine et, en même temps, nourrissent et augmentent la foi et la piété [1]. » La question morale redevient centrale, la « lascivité » en particulier est au cœur de l'évaluation entre des chansons chrétiennement écoutables ou non. La chanson n'est pas condamnée en soi, mais elle doit être censurée ou christianisée. Néanmoins, la modernité de la revue s'exprime dans la défense de la chanson profane. « La chanson n'est pas le cantique ! Affranchie de toute fonction dans la célébration, elle peut se permettre sans crainte les licences mélodiques, rythmiques ou poétiques qui font le charme des chansons modernes [2]. » La situation hors du sanctuaire autorise une plus grande liberté créatrice.

Pour catholiciser cette floraison musicale et écrire une chanson chrétienne, le jésuite propose une ligne de crête : « Il n'y a pas à se scandaliser comme d'une profanation de ce que les

1. Pierre-Marie HOOG, S. J., « À la frontière de deux genres », *Échanges*, n° 39, Noël 1958, p. 27.

2. *Ibid.*, p. 27.

tentatives de chansons “chrétiennes” [...] utilisent l’Écriture Sainte, non seulement dans son contenu mais dans son mot même. [...] Mais la parole de Dieu reste sacrée[1]. » Il serait loisible d’user des mots des Écritures, ce que font les chanteurs, mais il faut respecter leur sacralité. Le pari semble difficile. L’Église peut-elle ouvrir de nouveaux champs de présence et de reconnaissance ? Cette position est celle d’Aimé Duval à qui un article est consacré. « Dieu se sert de tous les moyens pour se faire connaître et aimer. [...] Dieu a mis à sa disposition un moyen extraordinaire, surtout à notre siècle où le disque et la chanson pénètrent dans tous les milieux, pour jeter dans les cœurs la semence de l’inquiétude, de la bonne inquiétude, de celle qui mène à l’espoir et à l’Amour[2]. » Les mots de Dieu peuvent se mêler aux aspects attrayants de la variété, mélodie, rythme et jeux de mots de circonstances. Pour toucher un public large, l’article explique la méthode du chanteur : « Animé par la tendresse du “Bon Dieu” il prend le monde à bras-le-corps. Son but, le désir d’une transmutation, que le christianisme passe par la chanson. [...] l’Esprit de Dieu lui a suggéré que sa voix soutenue par les accords de sa guitare est un excellent véhicule pour annoncer la Bonne Nouvelle[3]. » Dans l’annonce de la « Bonne nouvelle », seul le moyen change, pas la fin apostolique.

Dans le numéro de 1965, toute référence au Père a disparu, toute tentative d’évocation de chansons d’inspiration chrétienne aussi. Le numéro 69 acte l’échec d’une alternative

1. *Ibid.*, p. 28.

2. F. C., « Le père Duval », *Échanges*, n° 39, Noël 1958, p. 30.

3. *Ibid.*, p. 31. Avec les textes de deux chansons : « L’enfant de nuit », p. 19 et « La Paix si douce (Pour ceux qui ont en ont marre) », p. 20.

chrétienne au cœur du triomphe de la musique commerciale : « Les idoles semblent liées aux mass media. Elles imposent avec force une certaine idée du bonheur : jeunesse, beauté, richesse pour l'amour. [...] Essentiellement profane, résolument terre à terre, telle se veut la quête des idoles [1]. » L'interrogation et la dénonciation des « idoles » ont pris le pas sur la défense de la chanson. Le rejet de la commercialisation est vif : « Le culte des idoles d'aujourd'hui rassemble les jeunes sur un néant de concept dans le sentiment très vif d'une force vitale, mais brute, dans un enthousiasme qui n'a pas d'autre fin que de jouir de lui-même [2]. » La revue oppose la chanson à texte à la chanson commerciale. « Faux révolté, le jeune yé-yé admire une idole qui est en définitive au service d'un système social [3]. » L'évolution du monde de la chanson passé de la chanson française à texte au *rock'n'roll* et au yé-yé heurte la rédaction. Celle-ci ne perçoit pas la domestication de la musique de la jeunesse que le show-business réalise sous ses yeux, et elle condamne la commercialisation et l'invention d'une vie mythique qui transforme les chanteurs en idoles, car prime encore la question morale.

Quand émerge le phénomène des prêtres-chanteurs, il surprend tout autant à l'extérieur qu'à l'intérieur du monde catholique. Une revue catholique de Besançon, *Cité fraternelle*, débat avec ses lecteurs à l'occasion des premiers succès du Père Duval. À l'origine organe de l'Action

1. Y.-M. CLOÎTRE, « Les critères de l'idole », « ... des chansons... des idoles », *Échanges*, n° 69, janvier 1965, p. 8-9.

2. Guy LÉGER, o.p., « Valeurs et réalités », « ... des chansons... des idoles », *Échanges*, n°69, janvier 1965, p. 32.

3. Jacques CHARPENTREAU, « La jeunesse est une valeur sûre », « ... des chansons... des idoles », *Échanges*, n° 69, janvier 1965, p. 16.

catholique dans le diocèse de Besançon, et se revendiquant pleinement catholique, *Cité fraternelle* est favorable au M.R.P., anticommuniste avec constance, et accorde beaucoup d'importance aux questions de société, abordées dans une optique morale d'un juste milieu selon les valeurs du christianisme. « Ce journal appliquera constamment la morale catholique dans les faits et dans la vie courante [1] », affirme l'éditorial du premier numéro en 1944. Il rejette ainsi les spectacles et la presse licencieuse au nom de la défense de la famille. Le cinéma en particulier doit être moralisé [2].

Un espace éditorial, intitulé « La question de la semaine » accueille les réactions des lecteurs. Quatre numéros filtrent l'afflux du courrier autour du P. Duval le 10, 17, 31 mars et 11 avril 1957. Les laïcs apparaissent favorables à cette nouvelle forme d'apostolat, tandis que la majorité des clercs marquent une réelle réticence. L'abbé Froehly n'est pas un « supporter » du R. P. Duval : « Il faut un minimum de gravité pour parler de Dieu et des choses de Dieu. [...] Quand il fait dire à Jésus-Christ sur un ton qui fait penser à un saltimbanque de foire "J'ai joué de la flûte, viendras-tu danser ?" cela me fait un peu le même effet que si un artiste peintre habillait Jésus en saltimbanque ; je sens toute la vérité de l'expression "prostituer la religion" [3]. » L'association du

---

1. M. BILEY, « Éditorial-programme », in Dominique LAMBAT, *Cité fraternelle 1944-1967*, Presses universitaires de Franche-Comté, 2007, p. 245.

2. *Ibid.*, p. 246. Voir Mélisande LEVENTOPOULOS, *Les catholiques et le cinéma. La construction d'un regard critique, France, 1895-1958*, Rennes, Presses universitaires de Rennes, 2014.

3. L'abbé Froehly, « La question de la semaine » « Pour conclure un grand débat », *Cité fraternelle*, 31 mars 1957.

prêtre à la scène et au spectacle est impossible. Membre de la rédaction, ancien aumônier du maquis du Lomont, Joseph Ball est aussi critique sur les thèmes et le style : « Je suis agacé par cette religiosité trop sentimentale et parfois morbide. Ces œuvres m'apparaissent trop comme une réplique et comme un sous-produit chrétien d'un existentialisme déjà bien usé et en voie de liquidation [1]... ». Pour lui, le P. Duval exprime les états d'âme des gens de la ville plus que du milieu rural auquel appartient ce cercle catholique. Le prêtre Just de Vesvrotte se révèle favorable aux chansons du Père, mais doute de leur impact :

> Il est non moins certain que ce même rythme, ces mélodies, ce vocabulaire rappelant ceux de chansons de notre temps ont emporté l'adhésion des jeunes, mais ont-ils pour autant pénétré le message que tenait à faire passer le P. Duval à travers ce nouveau langage ? La chose n'est pas certaine. [...] Si cette bonne nouvelle nous est traduite, exprimée dans un langage, dans un style correspondant à notre temps, pourquoi ne pas s'en réjouir, en espérant simplement que ceux qui entendront la chanson dépasseront la forme pour écouter le Seigneur qui par ce modeste moyen s'efforce de travailler dans leur vie [2].

Les clercs s'accordent sur l'authenticité de l'engagement du chanteur, les limites de son apostolat et rejettent toute association au monde du spectacle. La musique jeune a

---

1. Joseph BALL, « Deux nouvelles opinions sur le Père Duval et ses chansons. Une religiosité trop sentimentale... », *Cité fraternelle*, 10 mars 1957.

2. Just de Vesvrotte, « Deux nouvelles opinions sur le Père Duval et ses chansons. Le message chrétien de tous les temps », *Cité fraternelle*, 10 mars 1957.

mauvaise presse avec une opposition aux « idoles », « aux détraqués que certains journaux montent en épingle en en faisant l'éloge[1] ». Les nouveaux modèles de la jeunesse, James Dean et Françoise Sagan, la vitesse, la vie brûlée par les deux bouts, le scandale sont dénoncés. La jeune romancière est alors associée à une jeunesse oisive, frivole, fêtarde, sexuellement libérée, qui mêle sensualité et cynisme. Une enquête de 1964 note : « Cheveux longs qui tombent dans un col ouvert, regard perdu, blouson un peu malmené (parce qu'il sort d'un spectacle de Rock ou de Twist au Palais des Sports) [...] C'est le portrait du jeune d'aujourd'hui tel livres, articles et films l'ont imposé à notre imagination. Pêle-mêle : James Dean, la rage de vivre, le mal du siècle, Françoise Sagan, les Chaussettes noires, Brigitte Bardot, la révolte, la voiture de sport ou le vélomoteur pétaradant[2]. » L'abbé Charrière, directeur du journal, estime que les jeunes ont besoin d'éducateurs et se méfie des vedettes du jour dont le modèle lui semble immoral. L'abbé Gabet conclut : « Le Père Duval a voulu rétablir un lien entre l'Église et la foule des hommes qui vivent sans connaître le nom même de Dieu. Nous approuvons entièrement son dessein. [...] Si nous admirons sa charité, nous n'approuvons pas son art. D'accord sur le fond, non pour la forme. [...] Si l'on cherche à plaire et à séduire, comment peut-on en même temps élever ? [...]

---

1. J. CHARRIÈRE, « Un mauvais travail » (éditorial), *Cité fraternelle*, 19 mai 1957.

2. Jacques DUQUESNE, *op. cit.*, p. 3.

3. « La mise au point de M. l'abbé Gabet. En guise de conclusion (définitive) », *Cité fraternelle*, 11 avril 1957.

L'apostolat n'est ni la propagande ni la publicité[1]. » La fin ne justifie pas les moyens.

Des laïcs ne partagent pas la condamnation des clercs. Le chanteur a des « paroles authentiquement d'église » selon Pierre Lagrange : « Le chrétien que j'essaie d'être se demande, si pour aider à prier, une musique doit planer tellement au-dessus de la terre [...] Il y aurait beaucoup à dire sur cet esthétique religieux qui ne “relie” rien du tout... et qui, bien calfeutré dans les temples, laisse les places publiques et les rues à qui en veut[2]. » Une fois de plus, la question d'espace d'interprétation se pose, le prêtre-chanteur touche parce qu'il sort du temple. Un groupe de jeunes reprend la distinction musique sacrée – musique religieuse : « Le Père Duval a-t-il voulu jamais rivaliser avec Bach et Palestrina et porter ses chants dans le sanctuaire pour que ces messieurs de la musique sacrée interviennent de façon ombrageuse ? [...] Nous avions trouvé, avec le Père Duval, des mélodies modernes et des paroles pleines de la foi authentique dont nous voudrions vivre[3] ». Les laïcs défendent la valeur religieuse des chansons de Duval.

> Il s'adresse à la masse populaire, à cette masse de chrétiens inconscients, à tous les travailleurs à qui une vie dure de labeur ne laisse pas le temps nécessaire à acquérir une culture assez développée pour comprendre la grande musique. [...] M. l'abbé Gabet commet l'erreur de beaucoup de nos prêtres

2. Pierre LAGRANGE, « La question de la semaine », « Ce que pensent nos lecteurs du R. P. Duval », *Cité fraternelle*, 17 mars 1957.

3. Un groupe de jeunes, « La question de la semaine. Ce que pensent nos lecteurs du R. P. Duval », *Cité fraternelle*, 17 mars 1957.

> qui croient avoir à faire à de parfaits chrétiens dès l'instant qu'ils ont devant eux des baptisés, alors qu'en réalité, il faudrait sans cesse nous redonner un peu de foi et nous expliquer les raisons de notre existence. C'est précisément ce que fait le Père Duval, non pas du haut d'une chaire austère, mais par ses contacts directs avec les travailleurs ; il va les trouver là où il peut leur parler à cœur ouvert [...] Par bonheur pour le christianisme que certains de ses prêtres s'attachent si ardemment, on peut dire si saintement, à comprendre tous ceux qui s'éloignent de Dieu parce que souvent leur milieu de vie ne peut pas les élever[1].

À public nouveau, moyen d'apostolat nouveau. Ceci comporte en soi une critique d'une Église enfermée dans ses murs. Les laïcs sont plus sensibles que les clercs aux apports pour leur vie de croyants des chansons du jésuite. Une fois de plus, la distinction entre le temple et le monde justifie leur prise de position. L'Église enseignante ne nourrit pas assez la foi plus exigeante des fidèles. Un étudiant de Sciences Po l'exprime : « Si le chant grégorien est bien la vraie musique divine, si les musiciens modernes ont su prendre le relais de la musique sacrée, ces nobles serviteurs de Dieu œuvrent pour sa gloire à l'intérieur d'une Église où il s'agit de faire entrer les fidèles et c'est là que la voix du Père Duval montre sa vraie puissance[2]. » Quant au syndicaliste chrétien, il loue le Père : « Si la musique classique sacrée ou profane nous élève, les chansons du Père Duval nous remuent jusqu'aux entrailles et

1. Alex VUILLEMIN, « La question de la semaine. Pour conclure un grand débat », *Cité fraternelle*, 31 mars 1957.

2. Jean-Louis LUCAS, *Cité fraternelle*, 31 mars 1957.

sont pour nous de véritables prières [...] Je remercie le Père Duval de toute mon âme de militant au contact de tous les jours avec les réalités de la vie active que d'aucuns semblent avoir perdues [1]. » Un fossé est perceptible entre l'Église enseignante et l'Église enseignée, entre les clercs et les fidèles. Le prêtre-chanteur accompagne une poussée du laïcat au sein de l'institution, une demande d'accompagnement et d'approfondissement de la foi que les clercs enfermés dans les lieux du culte ne semblent plus assurer.

Huit ans plus tard, en 1965, l'*Union républicaine de la Marne* ouvre ses colonnes à son public avec « La Question du jour », proche de celle de 1957 : « Que pensez-vous des chanteurs ecclésiastiques ? ». Le panel se veut large et contradictoire, c'est le but de l'opération. Un fonctionnaire de vingt-neuf ans condamne : « Autant je peux avoir de respect pour un prêtre quand il officie, autant je les ai en horreur quand ils se mêlent de choses qui ne les regardent pas : politique, questions sexuelles, music-hall, cirque, etc... ». Une vendeuse de 17 ans trouve cela tout à fait normal : « Les chanteurs disent qu'ils ont un message à transmettre. Pourquoi pas les prêtres chantants ? ». Une dame de bonnes œuvres reconnaît qu'il faut suivre son temps ; mais « un peu étonnée de tout cela [...] la réforme de la liturgie, la messe face au public ». Pour elle, bien des changements se mêlent. Un ouvrier de trente-huit ans « préfère quand même entendre des chansons qu'un sermon ». Un militaire de vingt-sept ans lie l'essor de nouvelles méthodes à la baisse de la pratique : « Pourquoi pas, s'ils aperçoivent qu'on déserte leurs églises au profit

1. M. Metzger, *Cité fraternelle*, 31 mars 1957.

des salles de spectacle, ça prouve leur intelligence. Il faut chercher la clientèle là où elle est. » Un religieux de quarante-cinq ans n'est pas contre mais « si cependant les religieux doivent se changer en troubadour et devenir un spectacle, je pense que ce n'est pas tout à fait leur place ». Une cheftaine de louveteaux ajoute : « Une soutane vaut bien un *blue-jean* en matière de guitare [1] ! ». Diversité donc des réactions, des réticences plus que des condamnations et l'idée que cette nouvelle forme d'apostolat est une adaptation à la modernité. Les termes de la réception catholique des prêtres-chanteurs n'ont presque pas changé en dix ans de pratiques. Le rejet, surtout des clercs, reste le même devant la présence d'un des leurs sur scène. Plus que les idées, c'est la méthode qui est discutée, la forme donc plus que le fond. Le message des prêtres-chanteurs ne heurte pas mais cette pratique d'apostolat, qui assimile le clerc à un saltimbanque, est refusée par leurs confrères et quelques laïcs. D'autres, au contraire, défendent cet apostolat renouvelé, reconnaissant qu'il touche un public plus large.

D'autres acteurs du monde catholique jouent un rôle essentiel dans leur réception. Henri Fesquet, le spécialiste du monde catholique au journal *Le Monde*, livre en 1957 ses impressions : « Prêcher ou chanter, c'est tout un pour ce jésuite à l'âme franciscaine. Ses chansons sont sa manière à lui de prier et de communier sa foi. Il n'y a pas la moindre trace de cabotinage chez ce prêtre-chansonnier dont l'authenticité et le zèle éclatent aux yeux [2]. » En une

1. « La Question du jour » : « Que pensez-vous des chanteurs ecclésiastiques ? », L'*Union républicaine de la Marne*, 22 avril 1965.

2. Henri FESQUET, « le Père Duval, sa guitare et ses chansons », *Le Monde*, 19 février 1957.

phrase, Fesquet démonte un des grands arguments des opposants catholiques au tour de chant du P. Duval. Il tente d'expliquer son apport et son succès : « L'originalité du prêtre-guitariste n'est pas dans l'expression de ces thèmes simples [...] Elle est dans l'accueil religieux qui se trouve partout mêlé aux plus humbles événements de la vie quotidienne. Parfois à peine suggéré dans le texte, mais constamment souligné par l'auteur, qui s'interrompt pour glisser une confidence personnelle et pour transposer sur le plan spirituel telle joie, telle souffrance, telle aspiration [1]. » Fesquet apparaît convaincu et défend la méthode : « En orientant la sensibilité populaire vers le domaine du sacré et en donnant une valeur mystique aux émotions les plus humaines, le père Duval trouve dans le cœur des foules une corde toujours prête à vibrer. [...] On comprend que l'ordre des jésuites, qui sait utiliser toutes les méthodes *ad majorem Dei gloriam* n'ait pas contrarié une vocation de chansonnier mise si évidemment au service de la religion [2]. » En replaçant le chanteur dans la lignée des missionnaires jésuites, la bénédiction de Fesquet vaut celle de sa tutelle.

La bonne réception interne ne tient pas seulement au public et à des journalistes reconnus. Un des principaux théologiens jésuites du moment, Karl Rahner, valorise

---

1. *Ibid.*

2. *Ibid.*

1. Le texte publié en allemand en 1959 et repris par Rahner dans un ouvrage de 1966, ne sera traduit en français qu'en 1968. Note 1, in Denis HÉTIER, *Éléments d'une théologie fondamentale de la création artistique. Les écrits théologiques sur l'art chez Karl Rahner (1954-1983)*, Leuven-Paris-Bristol, Peeters, 2020, p. 307.

l'apport du chanteur, dès 1959, dans un texte intitulé « Un petit chant [1] ». Il en déduit une théologie fondamentale de la création artistique. Conscient qu'un changement de société est en train de se produire, vers un temps des loisirs [2], il impose l'idée « qu'il s'agit d'une dimension existentielle et absolument originaire de la vie humaine [3] ». Il écrit : « Tout comme il y a aussi, à côté des œuvres des grands esprits de la poésie, des arts plastiques, de la philosophie et de la théologie, la parole avisée de tous les jours, la parole bonne et qui vient du cœur [...] ainsi il doit y avoir aussi, à côté de la grande musique, le "petit chant" [4]. » Duval sert d'exemple pour définir la catégorie, ce chant ne peut remplacer la musique d'église, solennelle et officielle. Mais le théologien prône de « s'en remettre à l'élan originaire du cœur [5] » et valorise l'aspect « sentimental » des chansons du jésuite. Le chanteur évoquerait des situations humaines concrètes selon un point de vue chrétien, d'après le théologien. L'authenticité de son témoignage et l'évocation de la valeur morale des hommes apparaissent comme autant de preuves de l'inscription de ces chansons de variété dans une expérience chrétienne de l'humanité et de la foi. Le dominicain Yves Congar publie un texte d'accompagnement au recueil de Sœur Sourire, *Seigneur, mon Soleil :* « Elle chante dans le style syncopé, à la fois un peu brutal et sentimental que semble aimer notre

---

2. K. RAHNER, *Quelques réflexions théologiques sur le problème des loisirs* (1959).

3. Denis HÉTIER, *op. cit.*, p. 309.

4. Cité dans HÉTIER, *Ibid.*, p. 309.

5. Cité dans HÉTIER, *Ibid.*, p. 312.

1. Yves CONGAR, dans Sœur Sourire, *Seigneur mon soleil*, Bruxelles, Ed. Primavera, 1963, p. 2.

époque. Elle chante ce qu'elle a dans le cœur, tantôt grave, tantôt joyeuse[1] ». Ainsi la chanson à la mode des prêtres-chanteurs est validée par une des plus hautes autorités théologiques de la Compagnie.

Ces réceptions divergentes illustrent l'ambiguïté de cette figure de clerc mais aussi l'écart qui se creuse entre une Église enseignante réfractaire à ce nouveau mode d'apostolat et une Église enseignée conquise par la « joie, simplicité, vérité[2] » des interprètes en soutane ou en habit de religieuse.

2. Jeanine Deckers use de ces mots pour expliquer son attrait pour « Saint Dominique, sa joie, sa simplicité et surtout son goût de la vérité m'enchantaient ». Cité dans Catherine SAUVAT, *op. cit.*, p. 75.

3

Les détracteurs

Parmi ce concert de louanges, des voix discordantes s'élèvent. Deux réactions de rejet public sont connues. La première est rapportée par le P. Bigo, responsable de l'Action Populaire dans une lettre au R. P. Misset du 7 mars 1957 : « À l'Olympia [...] Quand il est apparu tout seul sur la scène, une femme a crié : "Le curé à l'Église !" Ça a été une protestation générale[1]. » S'agit-il d'une catholique qui considère qu'un prêtre ne devrait pas se présenter sur scène ou d'une anticléricale qui pense qu'un prêtre doit être à l'église et nulle part ailleurs et que le monde de l'Église et celui du spectacle vivant sont incompatibles, impossible de le savoir. Les concerts du P. Duval n'entraînent aucune manifestation, aucune attaque anticléricale. L'opposition à la figure du prêtre-chanteur est diverse mais se déploie plutôt dans le monde catholique qu'en dehors. Les arguments insistent sur l'ambiguïté du personnage, questionnent les frontières entre profane et sacré. L'autre réaction est un témoignage du P. Barjon :

---

1. Lettre du P. Bigo, responsable de l'Action Populaire au R. P. Misset du 7 mars 1957.

> Combien parmi ceux-là mêmes qui ne partagent pas notre foi, sont venus librement l'entendre et l'applaudir ! Mais il n'en va plus de même lorsqu'il s'agit d'introduire ce genre de chansons dans un spectacle de Variétés destiné de façon plus directe à un public non confessionnel. L'expérience [...] fut négative. [...] le Père Duval a accepté [...] de figurer, parmi d'autres vedettes, dans l'un quelconque de ces programmes mis tour à tour à l'affiche de l'Olympia. Certes, l'accueil de la salle dans son ensemble fut sympathique [...] il y eut tout de même trois ou quatre interruptions désobligeantes (« À l'église ! » « Pas de curé, ici ! ») et cette autre remarque tombée du poulailler au moment où le chansonnier se livrait à ses présentations d'usage : « Ça va, ça va ! Chante ! Chante ! ». Assez pour mettre en évidence la défiance de certains esprits à l'égard de ces chansons « chrétiennes » où ils ne manqueront pas de flairer quelque arrière-pensée de propagande [1].

Un des articles les plus critiques vient du journal de la bourgeoisie avancée, du mendésisme et de la dénonciation des luttes coloniales, *l'Express*. Le premier argument en appelle à l'humilité et la discrétion chrétiennes mises à mal par les « exploits de batteur d'estrade » du jésuite :

> Qu'auraient pensé M. Vincent ou le bon Jean-Marie Vianney s'ils avaient pu voir s'exhiber sur une estrade – comme un baladin de la Foire Saint-Germain – un prêtre authentique, un homme auquel le sacrement de l'ordination, par définition, a conféré un caractère éminemment sacré ? L'Église, dont la force à travers les siècles résida toujours dans une intransigeance nuancée, mais ferme, permettrait-elle

1. L. BARJON, « Réveil de la poésie dans la chanson », *Études*, 1964/6 (t. 320), p. 835.

> aujourd'hui à ses serviteurs de briguer les lauriers de ceux-là mêmes qu'il n'y a pas si longtemps elle condamnait à ne point avoir de sépulture chrétienne ? Je sais que les mœurs, sinon le dogme, ont évolué ; mais le Vatican ne vient-il pas de dénoncer les prêtres-ouvriers, dont l'apostolat avait toujours été parfaitement discret [1] ?

On ne peut donc pour un prêtre être ni ouvrier, ni baladin.

La seconde critique porte sur la forme : « Il est certain que le Père Duval, SJ, possède un don évident de la parole ; il a l'aisance, la bonhomie, un certain charme même qui auraient pu faire de lui un excellent prédicateur. Mais, en bon démagogue, il utilise toutes les grosses ficelles que, depuis quelques années, le scoutisme et le patronage ont mises au point. [...] On appelle Jésus-Christ "Monsieur Jésus" – et, pour bien prouver qu'on est là en famille, on passe sur sa soutane un pauvre chandail bien élimé [...] La gêne incommensurable que l'on éprouve à contempler les gesticulations d'un prêtre sur une scène est encore aggravée par la pauvreté de son "inspiration" [2]. » Le personnage, jusque dans son ascétisme, est critiqué, et ses thèmes condamnés. Rien n'est épargné, ni la forme ni le fond.

Un troisième aspect dérange : « Il reste un fait sociologique comme la gloire de Brigitte Bardot ou le succès de Fernandel : c'est que trois fois de suite, le Père Duval a rempli le Théâtre des Champs-Élysées d'une foule de "jeunes" enthousiaste et bruyante. Si mes lecteurs

---

1. Camille RAMEAU, « Récital. Le Révérend Père Duval, SJ », *L'Express*, 25 février 1960.

2. *Ibid.*

considèrent, comme moi, qu'il n'y a là rien de très rassurant pour ce qui est du goût d'une certaine génération, ils en viendront peut-être à penser que, si les voies de la Providence sont impénétrables, les desseins du diable, eux aussi, peuvent parfois emprunter d'étrangers détours[1]... ». Il faut donc en appeler au Malin pour dénoncer le succès du prêtre-chanteur. Néanmoins, la trilogie Bardot-Duval-Fernandel évoque le phénomène de vedettariat qui émerge.

L'article de *L'Express* suscite le débat. Un lecteur apprécie ces critiques : « L'article sur le Révérend Père Duval m'a plongé dans une indicible satisfaction. J'ai le malheur d'avoir dans une classe des camarades fervents admirateurs du Père Duval, scouts prolongés, qui me cassent les oreilles par leurs discussions aussi vides de sens que les chansons du Père Duval. À mon avis, il y a un certain snobisme mêlé d'une fausse conception de la religion à la base du succès du Père Duval[2]. » Si le prêtre-chanteur ne fait pas l'unanimité, il possède aussi d'ardents défenseurs. Un autre journaliste, de presse locale, répond à celui de l'*Express* : « On peut discuter du Père Duval, de son genre, de sa voix, de sa musique, de la soutane élimée, de son petit chandail [...] On ne peut discuter de sa sincérité et du souffle de charité au sens le plus chrétien et le plus sacerdotal du mot[3]. » L'auteur profite du succès de l'émission « Le magazine de la chanson » de Robert Beauvais, sur l'O.R.T.F., qui « eût autrement de flair, en suscitant

1. *Ibid.*

2. Jean-François CASPARD, « Contre le Père Duval », Metz, *L'Express*, 10 mars 1960.

3. J. L. IRONDE, « Billet de Jean-Louis. Le troubadour du ciel », *L'éveil alsacien*, 17 mars 1960.

quelques jours après cette critique vilaine, une confrontation, au petit écran, de Georges Brassens et du Père Duval. Deux hommes apparemment aux antipodes et qui se rejoignent pourtant dans le même amour de la création[1]. » Le 29 février 1969, la télévision organise cette entrevue entre les deux chanteurs, qui se tutoient à l'écran. « Nous sommes voisins », dit Duval de Brassens à cette occasion. Il se justifie : « C'est des situations concrètes, humaines que je chante [...] qui ne dort pas, qui perd sa femme, qui n'a pas réussi dans la vie, qui est sans sou, vu à travers mon optique chrétienne, avec ma solution chrétienne. » Robert Beauvais conclut : « De petites choses vous séparent, de grandes choses vous rapprochent, en tout cas, d'abord l'amitié, l'amour des hommes[2]. »

Dans les rangs catholiques, la scène garde mauvaise réputation. Il reste des traces de la condamnation des comédiens. Les arguments avancés restent les mêmes – décence, sacralité – et les critiques opposées à ce choix de la variété évoluent peu sur une dizaine d'années. Les principales attaques viennent de l'extrême droite intransigeante. *Rivarol* est son journal :

> Il y a dans l'Église des "superman" que le service de Dieu n'épuise pas seul et qui, pour user une vitalité étonnante, se font députés, plongeur de haut vol, tourneur chez Citroën et, tout dernièrement, "best-seller" de disques. [...] si les Duval et Didier et autre Sœur Sourire ne savent d'eux-mêmes retrouver

1. *Ibid.*

2. Rencontre Georges Brassens et le Père Duval, *Magazine de la chanson*, 29 février 1960, réalisateur Marcel Cravenne, présentateur Robert Beauvais. 5 minutes 20. I.N.A.

> la leur (de place) ne reste-t-il pas dans les diocèses, dans les ordres, une petite once d'autorité pour mettre fin à cette forme du scandale [...] quand la soutane devient facultative (gageons que nos chanteurs la garderont comme d'autres leur blouson noir) ne nourrissons pas trop d'illusions [1].

L'article mêle le prêtre-chanteur avec l'abbé Pierre, l'abbé Robert Simon [2] et les prêtres-ouvriers. Pour eux, les clercs hors de l'église et médiatisés, tout comme la fin de la soutane, dévoilent la décadence de l'Église, fondée sur une faillite de l'autorité. Là où le prêtre-chanteur propose une sortie de la sacristie, les conservateurs réaffirment la singularité du clerc et son repli sur la sacristie.

Deux ans plus tard, une autre journaliste dénonce dans la même revue l'affaiblissement des frontières entre le sacré et le profane :

> Nous partageons la tristesse de quelques fidèles d'un Dieu dont on célèbre le culte ailleurs qu'à Olympia. Tristesse d'abord à la pensée de ces jeunes catholiques, garçons et filles, auxquels on fabrique une « sensibilité de midinette » et dont l'œil reste sec devant les malheurs de la patrie et l'exode d'un million de frères dans le Christ. Ensuite, nous

---

1. Pierre-Robert LECLERCQ, « Les pitres en soutane », *Rivarol*, 23 août 1962.

2. De 1947 à 1963, l'abbé Robert Simon collecte par des plongeons spectaculaires de l'argent afin de restaurer l'église de son village dans le Doubs. Il finance aussi des logements et des actions charitables envers l'enfance. Il offre ainsi un spectacle qui rompt avec bien des attendus : un curé en maillot de bain risque volontairement sa vie pour collecter de l'argent. Voir Robert SIMON, *Acrobate du bon Dieu. Mémoires du curé volant*, Paris, Albin Michel, 1991.

> pensons à cet avilissement du sacré, [...] dont le signe majeur est la profanation du caractère sacerdotal chez tant de prêtres français depuis 1945 : prêtre-ouvrier, prêtre-plongeur, prêtre-routier, prêtre-docker, prêtre-fellagha. Quand donc trouverons-nous un prêtre-prêtre[1] ?

La liste des prêtres-traîtres est longue. Le texte condamne toutes les tentatives apostoliques nouvelles de l'Église de France. La présence du clerc sur une scène ou dans les médias heurte les catholiques traditionnalistes et intégristes :

> Ce que la religion du plus Bas Moyen Âge n'avait pu réaliser, à savoir des prêtres jongleurs, plongeurs et guitaristes, la religion du XXe siècle, corrodée, sortie de la lignée évangélique par plus d'un de ses représentants authentiques, a pu le réaliser [...] Il ne semble pas y avoir grand-chose (dans sa petite tête), en effet, ni dans la sienne, ni dans celles de ses supérieurs, ni dans celles d'un public oisif applaudissant un prêtre en représentation, gesticulant, chantonnant, trahissant son état même de prêtre. Car je me demande comment, moi, catholique, je pourrai le lendemain de ces pitreries assister à une messe dite par le Duval en question et recevoir de ses mains la Sainte Communion[2] ?

Ces catholiques défendent une vision traditionnelle du prêtre, l'homme du sacré. Être sur scène rompt la frontière invisible entre le sacré et le profane, celle qui distingue le prêtre des autres hommes : « N'y a-t-il pas divorce entre

---

1. Édith DELAMARE, *op. cit.*

2. « Le R. P. Duval batteur d'estrade », *Panorama chrétien*, 22 mars 1959.

l'espèce de prostitution du chanteur à son public et le respect que réclame l'habit ecclésiastique[1] ? », écrit Paul Chambrillon en 1962. Jamais Duval ne parvient à convaincre la frange conservatrice et intégriste des catholiques de la possible mission d'un prêtre-chanteur.

1. Paul CHAMBRILLON, « Les musiciens du ciel », *Le spectacle du monde*, juin 1962, p. 74.

QUATRIÈME PARTIE

LES RANÇONS DE LA GLOIRE

Le choix des prêtres-chanteurs de chercher en dehors des murs des églises la diffusion de leur proposition musicale évangélique connaît un vrai succès. Devenus des vedettes au tournant des années 1950-1960, ils souffrent des affres de la gloire. Être prêtre ne protège pas du *star-system*. Le jésuite et la dominicaine n'échappent pas aux questions concernant leurs gains, ni aux dépendances et addictions qu'entraîne la vie d'artiste. Le choix de Cocagnac et Mouque d'œuvrer au sein du monde catholique les préserve plus du succès et de ses risques, non de toutes les dérives.

1

« Où va l'argent ? »

La gloire des chanteurs suscite des gains importants. Les versements sont laissés à la libre appréciation des organisateurs, comme l'explique le provincial Misset au R. P. Savona, provincial de Malte, en 1960 : « Peu importe ce que les organisateurs comptent lui remettre pour ses récitals à Malte. Ne les inquiétez pas à ce sujet. Le Père n'a pas de "cachet", aucun tarif fixé ; c'est d'abord un missionnaire, bien que sous une forme très particulière [1] ». Il reçoit néanmoins de l'argent : plus que les récitals, la vente de disques rapporte beaucoup, d'autant que dès les premiers pressages, le succès est au rendez-vous. De vives discussions avec sa première maison de disque sur les droits d'auteur-compositeur témoignent des difficultés rencontrées. Ni le chanteur, ni la tutelle, ni même la maison d'édition ne sont prêts à faire face aux recettes obtenues par les récitals et par les ventes.

Au sein de la Compagnie, cet argent soulève de nombreux problèmes. D'autant que les premiers gains sont parvenus directement à sa résidence. Or les exigences de

---

1. Lettre du R. P. Misset au R. P. Savona, Provincial de Malte, 8 juin 1960.

Nancy ont exaspéré la maison de disque S. M. au sein des éditions de l'ÉPI. Le P. Roche écrit au Provincial le 23 février 1958 : « Par ailleurs le chantage consistant à refuser d'envoyer à l'ÉPI, aux fins d'édition, les 4 dernières chansons du P. Duval continue. [...] Les dirigeants et moi-même jugeons qu'il est navrant qu'une maison conseillée par des Jésuites en vienne à agir de la sorte envers un jésuite[1]. » Les Éditions de l'ÉPI sont une création en 1946 de la Jeunesse Étudiante Chrétienne, sous les auspices de la Compagnie, dont les jésuites Roche et d'Oncieu sont les assistants ecclésiastiques. La naissance de cette maison trouve son origine dans les difficultés rencontrées par ces mouvements pour publier leurs propres productions. Elle édite, entre autres, les ouvrages posthumes du jésuite Yves de Montcheuil, fusillé par les Allemands. Cet entre-soi jésuite justifie le rappel à l'ordre du R. P. Misset dans une lettre du 2 mars 1958 :

> Il est clair que le P. Duval n'est pas un homme d'affaires. Il était donc normal que la Cie l'entourât d'hommes un peu plus pratiques que lui et même que l'on constituât une Société apte à recueillir ses droits d'auteur. Cela, tout le monde le comprend, dans la Cie et hors de la Cie. [...] Mais je me souviens aussi de son émotion (au P. Gélineau) lorsque le Directeur des Studios S. M. lui a parlé des nouvelles exigences du P. Duval sur ses droits d'auteur [...] Plusieurs fois par la suite, il a été fait allusion devant moi aux gains et aux exigences de la Cie. [...] Comment ne pas avouer que la Cie désire tirer le plus grand profit possible de l'affaire Duval ? Comment prétendre encore que la Cie est désintéressée ? Les Éditions de l'ÉPI ne

1. Lettre du P. Roche au Provincial, 23 février 1958.

sont pas une affaire. Elles ont été créées pour la J.E.C. et pour faciliter la diffusion de livres que les éditeurs ordinaires n'accepteraient peut-être pas [1].

Au sein de cet ensemble, les Studio S. M. jouent un rôle important après la guerre dans la publication de fiches de chants et dans la diffusion du chant grégorien [2]. Cette maison d'édition enregistre en 1953 les psaumes du P. Gélineau, jésuite ; il n'est pas surprenant que Duval y soit accueilli pour son premier disque en 1956. Mais elle est une œuvre chrétienne, pas une entreprise de commerce musical. Les échanges entre le R. P. D'Haene, de Nancy, et le R. P. J. Misset le montrent. Une lettre du 15 février 1958 donne quelques échos de ce flot d'argent : « Désormais le P. Duval est inscrit à la S.D.R.M. (Société de reproduction mécanique) qui contrôlera tous les disques, et à la Société des Auteurs pour le contrôle de l'exécution de ses œuvres à la Radio ou ailleurs [3]. » Cette étape inscrit le jésuite dans le monde des artistes. Le Provincial a décidé de reprendre en main les questions financières. Les royalties d'interprète sont versées à la SMADU (pour Aimé Duval), qui est la société chargée d'exploiter les œuvres du Père Duval, une couverture fiscale pour le chanteur. Le débat porte sur les droits d'auteur [4], au départ prévus à 6 % et portés à 7 % chez la S. M., le premier éditeur. Le succès

1. Lettre du P. Lepoutre au R. P. Misset, 2 mars 1958.

2. Olivier LANDRON, *op. cit.*, p. 139.

3. Lettre du R. P. D'Haene au R. P. J. Misset, 15 février 1958.

4. Voir la définition de ces droits comme reconnaissance de la cession et de l'exploitation économique de l'œuvre du musicien et de l'interprète mais aussi de l'éditeur dans Mimma Guastoni, « Aspects

entraîne des réclamations. Dans une lettre du 11 février 1958, le P. Duval exige 10 % de droits d'auteur sur les prix forts de vente et non sur le prix de gros. Le P. Misset écrit au P. D'Haene :

> J'en suis venu à la conclusion suivante qui me semble certaine : continuer à faire pression sur les Éditions de l'Épi pour obtenir une révision du contrat du 1er novembre 1956, c'est faire fausse route et vous exposer à des risques graves : Sur le plan « affaires » [...] il doit être pour nous tout à fait secondaire [...] Sur le plan de la réputation de la Compagnie : il ne faut pas que l'on puisse nous accuser d'être plus intéressés et plus âpres au gain que des laïcs. [...] Pousser encore nos revendications vis-à-vis des Éditions de l'Épi ne paraît qu'accentuer ce malaise. Il en résulterait un dommage grave pour la réputation de la résidence de Nancy, de la Province et de la Compagnie. Ce danger-là passe pour moi bien avant tous les risques de désavantages financiers [1].

Le Provincial a conscience que la menace d'une attaque aux accents anticléricaux sur l'argent est toujours là présente, sans compter les rivalités internes, tout aussi féroces. Le « bruit d'argent autour de l'autel [2] » est une question sensible tant à l'interne qu'à l'externe. D'ailleurs, au cours de l'émission de télévision à laquelle participe Duval en 1961, les questions démontrent l'enjeu de l'argent : « Combien gagnez-vous ? Que faites-vous de cet argent ?

économiques de l'édition musicale », in Jean-Jacques NATTIEZ (dir.), *op. cit.*, p. 1095.

1. Lettre tapuscrite du P. Misset au P. D'Haene du 5 mars 1958.

2. Adrien DANSETTE, *op. cit.*, p. 59.

Comment conciliez-vous votre "vie d'artiste" et vos devoirs religieux [1] ? ». Les gains financiers peuvent entrer en contradiction avec le vœu de pauvreté. La décision est prise en novembre 1957 de centraliser à la Province les recettes de la SMADU. Les rentrées financières de la société sont jusqu'en septembre 1957 de 12 132 848 francs, dont 3 500 000 ont été dépensés pour l'équipement de la maison de Nancy et 280 000 francs pour le matériel sono du P. Duval. La Province reçoit 2 000 000 francs. Les ventes de disques progressent encore en 1958, quelque 100 000 disques auraient été vendus pendant les six premiers mois de l'année [2]. « Le Studio S. M. vient de nous verser un acompte de 4 300 000 sur les disques du P. Duval vendus durant le semestre écoulé. Ce n'est qu'un acompte ; le reste (à peu près autant) sera versé avec 6 mois de retard par la S.D.R.M. et S.A.C.E.M. qui vérifient tant pour la France que pour l'étranger [3]. » Les sommes sont importantes, elles nécessitent donc une gestion rigoureuse. Dans les premiers temps, la maison de Nancy a bénéficié largement des gains, multipliant les travaux d'aménagement de la résidence. Devant cette exclusive, le Provincial réagit et prend la charge des entrées d'argent et surtout leur répartition, non sans crainte. En effet, inquiet du qu'en-dira-t-on, le R. P. Misset, effrayé de cette manne qui tombe du ciel, exige d'abord du chanteur qu'il s'explique auprès du public : « Vous savez, en effet, que tout ce qu'il gagne par ses chansons va soit aux missions (tous les disques) soit

1. C. BIZET, « Sur votre petit écran », *Nord matin*, 7 octobre 1961.

2. Lettre du R. P. Lepoutre au R. P. Misset, 26 novembre 1958.

3. Lettre du R. P. Michel D'Haene au R. P.Misset du 20 septembre 1958.

à des bonnes œuvres hors de la Cie. [...] Je souhaiterais que le P. Duval au cours du concert le glisse à ses auditeurs afin que ceux-ci ne posent pas indéfiniment cette éternelle et insupportable question : où va l'argent[1] ? ». Le provincial décide d'orienter cet argent prioritairement vers les missions, surtout jésuites : « Les droits perçus par le P. Duval seraient à verser désormais à la Province et que le P. Provincial s'en réservait l'attribution. [...] Je compte surtout faire profiter nos Missions de cet argent qui nous vient du P. Duval : ce sera la meilleure réponse à donner à tous ceux qui supputent les bénéfices que nous devons retirer des disques et qui croient que nous nous enrichissons grâce à eux. Pourriez-vous envoyer dès que possible 2 millions au Père Germain pour le P. Réal et notre Mission de Formose, et 3 millions au P. Alfred Dupont pour Fianarantsoa[2] ? ». Le provincial donne aux gains un but missionnaire conciliable avec le choix radical de pauvreté originel.

Le R. P. Misset se retrouve comme le gagnant du Loto, qui se découvre soudain une famille vaste et nécessiteuse, et reçoit de multiples demandes. Mgr Paul Dalmais, jésuite, évêque de Fort-Lamy écrit à Misset le 27 novembre 1958 : « Vous n'en voudrez pas au missionnaire que je suis de vous présenter une requête d'ordre bien matériel. J'apprends par le père Gabin, qui a vu à Nancy le père Lepoutre, que la "Caisse Duval" dispose à la Curie provinciale d'un fonds de 2 millions destiné à diverses aumônes. Venu en France pour faciliter le financement de la Cathédrale de Fort-Lamy

1. Lettre du Provincial Pillain au R. P. Durand-Viel, Reims 1er juillet 1961.

2. Lettre tapuscrite du R. P. Misset au R. P. Dumont du 5 mars 1958.

(130 millions) et de l'église Paroissiale de Fort-Archambaut (12 millions), je viens – naïvement – vous demander si le Tchad ne pourrait pas être inscrit sur la liste des bénéficiaires éventuels de ces aumônes[1]. » Le R. P. Misset se voit contraint de refuser : « Je ne pourrai malheureusement vous donner une réponse favorable car je viens précisément en cette fin d'année de vider la "caisse Duval" au profit de nos missionnaires de Formose et de Madagascar, qui ne se font pas faute, vous le pensez bien, de recourir à cette caisse en invoquant tous les motifs les plus convaincants. Mais je vous promets de ne pas oublier votre demande et de songer, en temps voulu, à l'église de Fort-Archambaut et au P. Gabin. Souhaitez pour cela que les disques Duval continuent de se vendre[2] ! ». La réputation des gains du Père, la "Caisse Duval", se répand, ce qui augmente les demandes. En 1958, la SMADU a envoyé à l'Association Chine-Ceylan-Madagascar un chèque de cinq millions[3]. Le P. Misset demande à Michel d'Haene le 23 septembre 1958 de verser sur « les fonds [qu'il a] actuellement au C/C de la SMADU » : « [Voulez-vous envoyer] au P. Pilat [...] 500 000 frs. Je préviens le P. Pilat que cet argent est destiné au P. Baur aux Philippines. Au P. Boumard [...] 500 000 frs, avec la mention "Pour le Collège Libermann"[4]. »

Le Cameroun et les Philippines après Madagascar et Formose, l'argent gagné par le P. Duval ruisselle sur les

1. Lettre de Mgr Paul Dalmais, SJ, évêché de Fort-Lamy au R. P. Misset, 27 novembre 1958.

2. Lettre du R. P. Misset à Mgr Dalmais, 29 novembre 1958.

3. Lettre du R. P. Lepoutre au R. P. Misset (s.d. mais après le 1er mars 1958).

4. Lettre du R. P. Misset au R. P. D'Haene du 23 septembre 1958.

missions et les œuvres du monde entier. Une lettre d'Y. de Colnet, S. J. au R. P. Lepoutre le 6 mai 1962 montre que les solutions restent quelques années plus tard les mêmes. Il faut répartir 25 000 nouveaux francs de la SMADU. Le Père Provincial conserve 10 000 NF pour son futur voyage à Madagascar « qu'il répartira lui-même selon les besoins qu'il constatera ». Dix mille autres sont envoyés directement dans l'île. Pour les 5 000 restants, vient une liste à la Prévert : « Au Père Hanrion pour Abidjan : 1 000 NF, Au Père Savona pour Santal Parganas, Indes : 1 000 NF, Au Père Inizan pour le Pérou : 1 000 NF, Aux sœurs Dominicaines des Campagnes de Karangasso, pour achat de leurs 2 CV : 750 NF, Aux Sœurs Missionnaires du St Esprit de Bangui : 750 NF, Aux Bénédictines Missionnaires de Vanves pour leur fondation du Sud Viet-Nam : 500 NF[1] ». La liste des dons fleurit et couvre le globe.

Confrontées à la manne des dix millions de francs belges gagnée avec la chanson *Dominique*, les religieuses réagissent de la même façon en consacrant cet argent aux œuvres missionnaires : « Don d'un million aux églises en détresse dans les pays de l'Est, un million pour une station radio missionnaire au Rwanda, un million pour l'achat d'un terrain dans une région missionnaire [...], un million d'aides aux victimes de la guerre du Vietnam, etc.[2] », précise la supérieure Marie-Michel. L'argent brûle les mains de ces religieux et religieuses peu préparés.

Quand il y a versement d'argent au moment d'un concert exceptionnel d'Aimé Duval, une solution est

---

1. Lettre d'Y. de Colnet, sj au R. P. Lepoutre le 6 mai 1962.
2. Cité dans Catherine SAUVAT, *op. cit.*, p. 160.

immédiatement proposée pour éloigner le démon. « Nous avons signé dernièrement avec notre maison de disque un contrat prévoyant l'organisation de deux concerts du Père Duval au Palais de Chaillot le samedi 7 et le dimanche 8 octobre 1961. Comme il s'agissait d'un contrat professionnel, il nous a fallu accepter un “cachet” de 200 000 anciens francs. Pour couper court à toute interprétation malveillante, nous aimerions que cette somme soit mise à la disposition d'une œuvre de l'Archevêché de Paris [1]. » Dans ce cas, l'argent reste sur place et la patate chaude est passée à l'archevêque.

Ce contrôle, le R. P. Misset l'exerce aussi sur les produits dérivés. Ainsi le Provincial interrompt brusquement une production d'image du chanteur. Le P. Lepoutre, après l'épuisement de la première édition des images pieuses du Père Duval pour un bénéfice d'environ 130 000 francs, propose une seconde édition et de nouvelles images [2]. La réponse de Misset du 1er novembre 1958 est cinglante :

> D'après la rapidité d'écoulement des 100 000 premières images [...] une seconde édition apparaît financièrement avantageuse. Mais je pense qu'il ne faut pas nous placer d'abord à ce point de vue. Il faut que nous tâchions de donner aux amateurs des images autant que possible à l'abri de toute critique. [...] Or bien souvent j'ai entendu déplorer que les paroles des chansons du P. Duval qui développent des thèmes profonds et vigoureux, qui ne sont pas du tout destinées à de petits enfants, visent un public adulte et

1. Lettre du P. Noir au Provincial, 26 juin 1961.
2. Lettre du R. P. Lepoutre au R. P. Misset, s.d.

entendant bien le réveiller de sa torpeur et le secouer, aient inspiré des images aussi enfantines aussi féminines, je dirais presque [...] aussi mièvres. Ce n'est certainement pas ce que nous voulons[1].

Fin de non-recevoir qui met un terme aux productions « pieuses » autour du Père Duval, les jeunes n'accrocheront pas sur les murs de leurs chambres des images ou posters inspirés par le chanteur et ceux-ci ne cohabiteront pas avec celles du Christ et de la Vierge dans les missels. Son statut de religieux rend impossible des produits dérivés, même pieux, quitte à refuser un gain. L'interprète y perd un élément important de la progression de sa popularité, alors que Duval touche un public jeune justement par son message adulte évoquant les soucis de la vie et les espérances de demain. La vedette ne bénéficie pas d'un relais visuel à la hauteur de sa gloire, à la différence de ses confrères non-prêtres[2]. Cette retenue différencie le prêtre-chanteur des autres chanteurs. Quand des images sont produites pour amplifier le succès d'Aimé Duval, elles ne mettent pas en scène l'homme mais ses textes.

1. Lettre du R. P. Misset au R. P. Lepoutre, 1er novembre 1958.

2. Il s'agit d'éviter la constitution d'un légendaire et d'un culte qui auraient été mal reçus au sein de la Compagnie. Voir Marie Christine POUCHELLE, *op. cit*, p. 277-297.

2

En haut de l'affiche, addictions et problèmes de santé

Bien que prêtre, les chanteurs n'échappent pas à l'autre facette du succès, les soucis de santé et les addictions. Elles sont les conséquences de leur accession à la gloire médiatique. Aucun courrier du Père Duval à ses supérieurs qui ne compte quelques éléments sur sa santé. Ainsi, en 1957 : « Le repos de Chamonix m'a fait du bien. De même le contrôle amical qu'exerce le Père Noir[1]. » En 1958, une lettre d'une religieuse alerte sa tutelle : « J'ai constaté à plusieurs reprises que votre bon Père n'en peut plus – il est épuisé, à bout de forces ; ce ne sont pas trois semaines de repos qu'il lui faut mais, au moins, trois à six mois. Autrement, il ne s'en tirera plus[2] ! ». L'état de santé du Père est étroitement surveillé. Le P. Noir, un jésuite de Nancy qui l'accompagne souvent lors de ces récitals, évoque dans un court bilan au Père Provincial « l'idiosyncrasie » de Duval. Le mot, sans aucune valeur

1. Lettre de Duval au R. P. Provincial, Besançon, le 3 octobre 1957.

2. Lettre de Sœur L.-Elisabeth, sana Lorraine, Abreschwiller (Moselle) du 11 mai 1958.

médicale, désigne des comportements troublants, voire non souhaités. Le chanteur serait trop sensible aux impressions sensorielles et influences extérieures.

Les correspondants du Provincial ajoutent aux lignes sur les récitals quelques éléments sur sa santé. L'équilibre à trouver est aussi sanitaire que spirituel : « Il a été décidé qu'après la tournée en Hollande, fin avril, le P. Duval s'arrêterait tout le mois de mai, ferait sa retraite [...] Ainsi, il aborderait 2 mois de vacances en meilleure forme pour profiter du repos[1] », précise son supérieur à son Provincial. Celle du P. Lepoutre au P. Misset du 24 mars 1958 délivre le même type d'informations : « Il est rentré d'Alsace en forme grâce à Monseigneur Hoch qui l'a soigné maternellement et avec dans sa poche les félicitations de l'Évêque de Strasbourg (où il a eu 7 500 auditeurs). Il semble vraiment que nous trouvions une formule mieux équilibrée. Le Père [...] reprend des couleurs et de l'appétit. Il dit sa messe[2]. » Il mange et accomplit ses devoirs de religieux (retraite, messes), ses supérieurs peuvent être rassurés. Les tours de chant se font en accord avec les autorités ecclésiastiques du lieu et sous la surveillance constante de la santé du chanteur et du respect de ses obligations sacerdotales. Duval doit être tout autant un bon jésuite qu'un artiste.

Comme toute vedette qui se respecte, Duval doit faire face à des addictions, en particulier l'alcool. « Un sentiment très fort, qui m'a aidé à boire, fut la tendresse pour les

1. Lettre du R. P. Michel D'Haene au R. P. Misset, 15 février 1958.

2. Lettre du R. P. Lepoutre au R. P. Misset, 24 mars 1958.

petites gens. Je ne pouvais me faire à la misère des autres, à la maladie des autres, à l'humiliation des autres à la pauvreté des autres, à la solitude des autres [1]... », reconnaît-il en 1983. Jeanine Deckers souffre aussi de dépression, d'abus d'alcool et de surconsommation médicamenteuse. « Le pire est que personne ne veut croire à cette solitude des stars, si contraire à leur image. Faut-il s'étonner alors de la fréquence des conduites d'autodestruction chez les vedettes de toutes catégories ? Anorexie ou prise de poids spectaculaire [...] dépression, alcoolisme et addiction à la drogue semblent particulièrement fréquents [2] ». Une crise éclate en 1962. La Compagnie décide alors de pousser le P. Duval à suivre une cure. Là aussi, le prêtre n'échappe pas à son statut de vedette. Le lieu est choisi avec une grande attention. Les médecins sont catholiques, des assurances sont prises pour préserver la réputation du Père, même si le secret médical ne vaut pas pour sa tutelle. Les médecins informent ses supérieurs le 14 août 1962 du prolongement de la cure de désintoxication et de la cure psychanalytique « du Père Duval qui, en effet, a fait une cure de détente d'une quinzaine de jours mais qui, actuellement, est encore extrêmement sensible, émotif et fatigable. [...] Il présentait alors un état d'épuisement physique et nerveux ainsi qu'une dépression profonde qu'il parvenait encore à compenser par une hyperactivité exaltée. J'estime prudent qu'il reste encore à la clinique jusqu'à la fin du mois de septembre et que son séjour ici soit suivi d'une longue conva-

1. LUCIEN, *op. cit.*, p. 16.
2. Nathalie HEINICH, *op. cit.*, p. 488.

lescence de plusieurs mois[1]. » Un diagnostic est même envoyé par courrier au R. P. Brandicourt, le 12 septembre 1962 : « Son état n'est pas encore satisfaisant, car persistent la dysphorie de même qu'une instabilité de l'humeur. [...] Conjointement, avec le Professeur Ch. Durand et notre aumônier le Rév. Père Colin, nous cherchons pour le Père Duval une solution susceptible de réaliser ce plan (psychothérapie prolongée). Dans tous les cas, il me paraît contre-indiqué que le Père Duval retourne à Nancy, même provisoirement, en raison du conflit qui persiste entre lui et la Compagnie des Jésuites[2]. » Le chanteur ne semble même pas être consulté pour l'organisation d'un second séjour[3]. Un mélange de fatigue physique, psychique, de pression professionnelle et de tensions entre jésuites explique ce coup d'arrêt brutal. L'artiste se voit contraint de prendre du repos.

La reprise en main concerne autant sa santé que son apostolat. Le P. Duval établit lui-même un bilan de ce douloureux épisode presque un an après dans une lettre au Provincial du 11 mars 1963. Conscient de sa situation, il reconnaît ses défaillances, il indique qu'il n'est pas à l'origine de cette cure : « Pourquoi m'a-t-on dit de faire cette cure ? Je n'en savais rien [...] Seulement je me demandais pourquoi j'avais des chutes nerveuses, des effondrements de tout l'être, des pertes de potentiel spirituel, qui m'arrivaient

1. Lettre du Dr B. Rueda au R. P. Brandicourt, Vaud, 14 août 1962.

2. Lettre du Dr J.-L. Verlomme au R. P. Brandicourt, Vaud, 12 septembre 1962.

3. Lettre du Dr Ch. Durand au R. P. Brandicourt, Vaud, 11 octobre 1962.

assez régulièrement tous les 15 jours, 3 semaines[1]. » Il explique les difficultés qu'il rencontre : « Solitude pas drôle. Besoin de causer. Manque de jugements, c'était lourd à accepter [...] Troubles de la personnalité, variations subites de l'humeur, malgré les tranquillisants, peur de l'avenir, envie de suicide, etc. » Le prêtre liste ses difficultés. Une tentative de suicide au moins s'est produite[2]. L'homme est sans cesse sur le fil du rasoir. Duval participe à un groupe de parole : « Je prenais part à des psychothérapies de groupes, 2 fois par semaine. Très humiliant de dire la vérité, de chercher ensemble la vérité et de se laisser disséquer par de plus jeunes que soi[3]. »

La crise grave nécessite une longue période de convalescence. Pour sa carrière de chanteur, c'est un mauvais coup. L'homme se soigne, la vedette s'absente. Un journaliste résume la crise, un an après : « Le prêtre Aimé Duval a sombré dans le désespoir. C'était la dépression nerveuse. On l'a soigné en Suisse. Durant de long mois. Quand il a été rétabli, il a encore subi une cure de psychanalyse[4]. » La valse-hésitation de ses supérieurs face à l'affirmation d'une volonté de revenir à la chanson, avec

---

1. Lettre du P. Duval au R. P. Provincial, Nancy, 11 mars 1963.

2. « À un moment, père Duval, vous avez voulu mourir... Oui, j'étais là à mon bureau. Ne pouvant plus me supporter tel que je suis ni supporter le monde tel qu'il est. J'ai voulu m'en aller vers les pays heureux. » « Conversations avec le Père Duval », *Panorama*, mars 1984. Jeanine Deckers met fin à ses jours en 1985.

3. Lettre du P. Duval au R. P. Provincial, Nancy, 11 mars 1963.

4. Jean-Pierre BERNIER, « La confession brutale d'un prêtre égaré au music-hall », *Ici Paris Hebdo*, 15 au 21 janvier 1964.

même un renouvellement de son inspiration, illustre une fois de plus les déchirements du clerc chanteur.

Entre dépressions et addictions, le Père Duval a tout d'une vedette. Il rejoint alors les Alcooliques Anonymes dont il fonde un groupe à Nancy. Courageusement, il revient en 1984 sur ce combat dans son livre, *L'enfant qui jouait avec la lune*. Il s'interroge sur la dépendance de membres du clergé dont la solitude et la dégradation de leur reconnaissance sociale peuvent conduire à rechercher dans des paradis artificiels la réponse au silence qui les entoure de plus en plus. Sa rencontre avec les Alcooliques Anonymes est décisive mais difficile : « Et puis ces douze étapes ? J'avais déjà les dix commandements de Dieu, les huit commandements de l'Église et les règles du code de la route. Y en a marre des carcans [1]. » À la fin des années 1970, il note qu'il ne fait des concerts qu'en France pour ne pas s'éloigner des AA. « On ne vient pas aux AA pour faire du bien aux autres, pour faire plaisir à sa femme, pour garder un père à ses enfants, pour faire plaisir à Dieu, pour sauver l'honneur de la Compagnie de Jésus, tout cela n'est pas suffisant. En fait, on s'agglutine aux AA pour ne pas mourir, un point, c'est tout [2]. » Ni le chanteur, ni le prêtre ne délivrent de l'addiction ; l'homme, conscient de sa dépendance, s'engage dans ce nouveau combat. L'état de clerc ne protège pas la vedette des risques du métier.

1. LUCIEN, *op. cit.*, p. 62.

2. *Ibid.*, p. 88.

3

Jésuite ?

Peut-on respecter les obligations de son ordre et chanter devant la foule de ses fans ? Pour Cocagnac et Mouque, le chant demeure une des formes de leur engagement missionnaire, qu'ils ne poursuivent pas toujours ensuite. Ils prêchent. Mais Duval ne cesse de tenter de poursuivre cet apostolat. Or il n'est pas un jésuite de tout repos. Déjà lors de sa longue formation, bien des incidents ont ralenti son entrée définitive au sein de la Compagnie. À deux reprises au moins, le Provincial refuse son passage d'an. La fiche établie lors de son entrée en philosophie explique les réticences : « Très zélé, doué d'un talent extraordinaire pour aborder les gens, jeunes et vieux, les retourner en les gagnant. Mais ultra-nerveux, impressionnable, incapable de régularité. Splendide apôtre entre les mains d'un supérieur qui saura se l'attacher. [...] Magnifiquement doué pour l'apostolat direct, principalement sur des jeunes. Ne compte pas assez avec ses forces physiques [1]. » Ses supérieurs ont conscience des capacités apostoliques du jésuite et des limites humaines de son action. Son caractère, mais aussi ses difficultés de santé, apparaissent tôt comme un obstacle à son activité

1. « Information entrée en philosophie », 1946.

missionnaire. La première concerne ses contraintes comme membre de la Compagnie de Jésus. Duval a des difficultés avec la règle, il ne cesse de créer son propre espace d'autonomie au sein de sa résidence, en particulier au niveau des horaires (messe). Alors qu'il est envoyé à Nancy, le Provincial l'admoneste sévèrement : « Je vous ai demandé de revenir à un minimum de régularité dans vos heures de coucher et de lever. Je vous le demande à nouveau formellement. Il n'est pas admissible que [...] vous disiez votre messe à n'importe quel moment de la matinée [...] Sachez en tout cas que je m'informerai de votre fidélité sur ce point à ma prochaine visite à Nancy et que je le considère comme important pour votre avenir et, je vous le dis nettement, pour votre maintien dans la Compagnie [1]. » La menace est simple, quitter l'ordre. Misset insiste sur la régularité d'une vie jésuite et l'obéissance que Duval doit. Mais, cette fois-ci est la bonne. Après Dijon, Duval ne quitte plus Nancy.

Ses pérégrinations seront pourtant multiples, celles d'une carrière de chanteur à succès. La Compagnie surveille alors attentivement les déplacements du Père. Le Provincial de Reims s'enquiert auprès de multiples correspondants des résultats de chaque récital. Il écrit donc aux évêques et à d'autres jésuites. Les réponses insistent de façon unanime sur les bienfaits des concerts : « J'aurai voulu vous dire plus tôt combien Limoges a été touché par le témoignage du Père Duval ; il a eu des auditoires très mêlés et vibrants. En dehors des concerts, il a touché profondément des individus jeunes et adultes, au plus profond de l'âme. Son apostolat est vraiment magnifique, tel est l'avis unanime des

1. Lettre du R.P. Misset au P. Duval, 27 juillet 1955.

2 200 spectateurs et de tous ceux qui – hélas ! – n'ont pu trouver place. [...] si l'Église et la Compagnie possédaient beaucoup de Duval on atteindrait les masses déchristianisées de notre "Centre" et d'ailleurs[1] ! ». Son apostolat fonctionne et les témoignages se multiplient. Ce qui vaut pour la France, vaut pour l'étranger. Un courrier du P. Goulet, jésuite à Montréal, au R. P. Misset du 11 mars 1959 précise : « Il me fait grand plaisir de répondre à votre lettre où vous vous informez [...] du passage du P.D. parmi nous. Je suis heureux de vous dire que le passage du P.D. a fait beaucoup de bien et qu'il a laissé un excellent souvenir. Tous s'accordent à dire que ces concerts sont une vraie prédication qui force à réfléchir et rapproche de Dieu. Ils se déroulent dans une atmosphère de sérieux, de sympathie religieuse qui permet au Père de faire des introductions, des commentaires, des réflexions qui valent de bons sermons. [...] l'apostolat du P.D. fait honneur à la Compagnie et à l'Église[2]. » Rien ne manque des effets d'apostolat recherchés. La lettre permet aussi de voir entre les lignes les craintes du Provincial sur l'atmosphère religieuse des concerts et sur la décence du P. Duval. Une autre lettre du 11 mars 1959 ajoute : « Hier soir le P. Duval a chanté dans une salle de Montpellier. Et là j'ai senti une intensité de silence et de recueillement comme je n'en ai jamais encore rencontré avec un public aussi divers. Les Montpelliérains si réservés dans l'expression de leurs sentiments étaient visiblement bouleversés par ce témoignage de

1. Lettre de P. Pouchet (?) au R. P. Misset, 30 novembre 1958.

2. Lettre de G. Goulet, sj (Montréal), au R. P. Misset, 11 mars 1959.

3. Lettre de Jean Calandrian (?) au R. P. Misset, 11 mars 1959.

Prêtre[1]. » Silence et recueillement, on se croirait à la messe. Les courriers insistent donc à la fois sur le maintien de la décence du prêtre et sur ses bienfaits spirituels. Si on ne parle pas de conversion, sont évoqués la naissance de la vocation, un approfondissement spirituel, la recharge de la foi, les interrogations que procurent les spectacles du Père. Par tout un réseau de lettres échangées, le Provincial suit le cheminement de son chanteur, se renseigne sur son succès mais aussi sur son comportement. Un étroit maillage permet ainsi d'encadrer le Père en plus des accompagnateurs proches qui l'entourent.

Cette méfiance se fonde au départ sur la crainte d'une nouvelle forme d'apostolat qui pourrait choquer. La surveillance vient de haut puisque le Général de la Compagnie, le Père Janssens, n'hésite pas à écrire au Provincial de façon préventive :

> Les journaux catholiques à l'étranger continuent à parler beaucoup du P. Aimé Duval, à l'occasion de ses tournées hors des frontières. J'ai tout lieu de croire qu'on s'était assuré en chaque endroit non seulement du consentement du Provincial de la Compagnie, mais aussi de celui de l'évêque. De toute façon, je crois opportun de recommander la prudence sur ce point, car les mentalités ne sont pas les mêmes partout, et il suffirait d'une réclamation d'un évêque à Rome pour que ce genre un peu insolite de ministère fût interdit. Je sais que son Supérieur contrôle sérieusement ses activités et que le Père garde partout une allure religieuse. Aussi n'est-ce pas un blâme à son adresse, mais un avertissement inspiré par l'expérience[2].

2. Lettre du R. P. Général J.B. Janssens au R. P. Misset, Rome, 18 février 1958.

La prudence du Général dit beaucoup des risques encourus par la forme d'apostolat du Père Duval et des craintes de la Compagnie. Les relations avec Rome sont difficiles dans les années 1950. En 1957, la Compagnie compte 34 000 jésuites alors que lors du précédent généralat en 1946, ils n'étaient que 22 000. La croissance est nette mais le mouvement n'est pas uniforme. Au même moment, les effectifs en France diminuent. En 1946, les jésuites sont 3 160, ils sont 2 272 en 1960. Cette année-là, lors de la 30e Congrégation générale, Pie XII rappelle à l'ordre les jésuites en particulier « contre l'esprit d'orgueil et d'indépendance dont beaucoup sont contaminés de nos jours, il est nécessaire que vous conserviez dans sa pureté authentique la vertu de l'humilité qui nous rendent aimables à Dieu et aux hommes. » Il a mis les jésuites en garde contre « la soif de nouveauté qui s'empare aujourd'hui de tant d'esprits [...] Qu'il n'y ait point place parmi vous pour cette sorte d'orgueil de *libre examen* propre à une mentalité hétérodoxe plus que catholique [1]. » Alors que de nombreux jésuites repensent la relation entre le monde et l'Église et offrent un nouvel horizon intellectuel, certains sont réduits au silence et condamnés par le Saint-Office, bannis d'enseignement et de publications tels en 1950 Henri de Lubac, et en 1954 John Murray. Pourtant, la Compagnie multiplie les propositions. Ainsi, en France, les Jésuites fondent *Sources chrétiennes*, publiées à partir de 1942 et *Théologie* à Fourvière. Pour nourrir la foi des élites chrétiennes, ils estiment nécessaire de revenir aux Pères de l'Église publiant les textes originaux avec une

1. Jean MAQUET, « Face aux soutanes noires, la robe blanche », *Paris Match*, 12 oct. 1957, p. 21.

nouvelle traduction et un support critique et aspirent à promouvoir un christianisme renouvelé. Ce fleurissement inquiète à Rome et leurs opposants définissent une « école de Fourvière », réduite au silence au début des années 1950. Le P. de Lubac doit cesser d'enseigner et de diriger la revue *Recherches de science religieuse.* Il faut attendre juillet 1960 pour que Jean XXIII le nomme à la Commission théologique préparatoire du Concile. Il le constate en octobre 1964 : « Sur le concile [...] c'est une aventure merveilleuse, un vrai dégel [...] quelle différence avec ce que nous avons connu hier encore[1]. » Les reproches collectifs adressés par le pape marquent, tant ils peuvent s'appliquer individuellement au chanteur Aimé Duval. On comprend mieux la prudence du Général face à cette nouvelle forme d'apostolat. Néanmoins, la Compagnie n'apparaît que comme le reflet d'interrogations qui la dépassent. La méfiance est là qui touche aussi la France. En 1957, les évêques de France obtiennent le retrait des aumôniers jésuites des mouvements de jeunesse[2]. Une profonde divergence sur la conception du militantisme catholique émerge autour de l'engagement de ces mouvements. Pour les autorités, ils sont des mouvements de l'Église, envoyés par l'institution pour évangéliser les milieux respectifs. Ils ont mandat de l'Église enseignante. Au sein des mouvements d'Action catholique, les responsables ne souhaitent pas seulement témoigner mais s'engager moralement et spirituellement dans les milieux

1. Lettre au P. Bouillard, 4 octobre 1964, in H. de LUBAC, *Carnets du concile*, Paris, Éd. du Cerf, 2007, p. XL.

2. Jean-Hugues SORET, *Philosophies de l'Action catholique. Blondel-Maritain*, Paris, Éd. du Cerf, 2007.

concernés. Duval devra attendre 1961 pour chanter à Rome et seulement à l'occasion du 22e Rallye international de Camping-Caravaning qui se tient dans la ville [1]. Il n'est donc pas invité par une association catholique mais par un groupement laïc. Néanmoins, la position du Général a bien évolué. Ses réticences étaient plus fortes en 1957 : « "Il faut absolument que le travail du P. Duval reste apostolique. Que le Père ne devienne en aucune manière la vedette que voudraient faire de lui les journaux. En principe donc : refuser impitoyablement toutes invitations dont le but réel serait de voir cette curiosité. A fortiori : de faire de l'argent, même pour de bonnes œuvres. L'invitation à Rome [...] ne me plaît pas du tout. Il s'agit de venir s'exhiber devant le monde des ambassades et le *high life* Romain : *vanitas vanitatum*". Je n'ai donc aucun commentaire à ajouter. C'est clair [2]. » Quatre ans plus tard, sa venue est possible mais hors les murs de l'*Urbs*. Le Général a parfaitement conscience que la vedette est le fruit d'un processus de « mise en vedette [3] ». Les autorités de la Compagnie tentent l'impossible exploit de tenir un chemin de crête entre les devoirs du clerc et les exigences de la vedette. Alors que la tentative des prêtres-ouvriers vient de subir les foudres de Rome, la Compagnie surveille

---

1. « Nous venons de recevoir successivement le *Nihil Obstat* du Vicariat de Rome et une lettre du R. P. Vicaire Général, ainsi libellée : "Le vicariat de Rome, ayant délivré un *Nihil obstat*, je ne vois de mon côté aucune autre objection à formuler et vous autorise à accepter pour le père Duval l'invitation de la Fédération internationale de Camping et de Caravaning". » Lettre du R. P. Noir au R. P. Pillain, 26 juin 1961.

2. Lettre du R. P. de Gorostarzu au R. P. Misset, 1er avril 1957.

3. Roland BARTHES, « La vedette : enquête d'audience ? », *Œuvres complètes*, t.1, Paris, Seuil, 1993, p. 1132.

attentivement cette expérience d'un apostolat renouvelé qui risque d'attirer l'attention des censeurs romains. D'autant que le caractère de l'homme ne semble pas facile et l'obéissance à ses tutelles souvent compliquée. Au fur et à mesure de sa carrière, ses relations avec la Compagnie sont affectées par les difficultés rencontrées et il multiplie les reproches envers ses autorités : « La Compagnie ne m'a jamais défendu dans plusieurs cas semblables et ne m'a jamais permis de tirer les choses au clair. [...] Mais pourquoi donc la Compagnie prend ce plaisir à me rappeler et me faire sentir cette vérité ! [...] Je vous ai écrit cette lettre avec beaucoup de chagrin [...] Très "dégonflé" [1] ».

La jalousie existe aussi face à ce clerc pas comme les autres et dont l'obéissance aux règles est souvent douteuse. Mes « collègues jésuites » : « C'est eux qui furent inamicaux et jaloux de mes petits succès personnels [...]. Et quand mon alcoolisme se déclara, ils y virent une petite revanche de leur vie plus régulière [2]. » L'animosité de ses collègues est une des difficultés rencontrées par le Père chanteur. En 1963, il établit un bilan amer : « Je ne suis pas heureux en communauté qui est un carcan psychologique, je ne suis pas heureux avec mes supérieurs qui continuent l'autorité non acceptée de mon père charnel [3]. » Il a conscience que les difficultés viennent tant des autres jésuites que de son caractère. « D'où un déchirement intérieur entre ce que je savais être vrai et ce que je devais dire en communauté, entre ce que je sentais devoir dire en conscience et ce que

1. Lettre du P. Duval au R. P. Misset, 31 décembre 1954.

2. LUCIEN, *op. cit.*, p. 100.

3. Lettre du P. Duval au R. P. Provincial, 11 mars 1963.

j'entendais. D'où une attitude chez moi de duplicité [...] D'où un malaise dans la Cie de Jésus telle que je la voyais. D'où un sevrage affectif insupportable. D'où des compensations diverses qui ne faisaient qu'aggraver une situation inconfortable par elle-même, d'où une obéissance honnie. [...] Fatigue nerveuse, dégoût du milieu. Tristesse chronique, hypersensibilité aux manques d'égards [...] nombreux, variés et insultants [...] Je vois bien que le nouveau supérieur m'a aidé grâce à son sens spirituel sûr[1]. » La cure psychanalytique est passée par là. Ses interprétations sont toutes imprégnées d'un langage d'analyse. Il n'en reste pas moins que les difficultés et le ressentiment sont réels. Malgré l'attention de ses supérieurs, Duval ne surmonte pas les jalousies et le rejet de la forme de sacerdoce qu'il a promue, ni non plus les difficultés, qui lui étaient propres, repérées dès son scolasticat. Une fois l'aveu fait, il tente de peser sur les orientations de sa direction : « Étant donné que mes forces sont revenues [...], que je me sens le moral revenu, que ma Foi et mon Espérance sont intactes, que je trouve revenu ma confiance dans la Compagnie, que je me sens bien dans ma peau religieuse et psychologique, il va falloir que je me remette au travail. » La foi et l'espérance sont avec la charité les trois vertus théologales qui doivent guider le croyant dans son rapport au monde et à Dieu. Après le renouvellement de l'obéissance, il souhaite néanmoins poursuivre, n'hésitant pas à retourner l'argument médical en sa faveur : « J'ai de nouvelles expériences à chanter, ces sept mois de solitude m'ont appris beaucoup de choses (sens du péché, relativité

1. Lettre du P. Duval au R. P. Provincial, 11 mars 1963.

de la conscience pécheresse, désir inconscient de Dieu, communauté de fait des pécheurs. Désir de Dieu inscrit dans la conscience. Précarité de l'équilibre spirituel. Communion des pécheurs. Appel au Dieu de toute santé. Humilité. Vérité. Confiance en Dieu inconditionnelle...) ». Il conclut sa lettre par une formule qui ne peut que plaire à son Provincial : « Je suis heureux d'être Jésuite[1]. » Pourtant, quand le P. Pillain écrit au P. Brandicourt le 13 juin 1962, c'est une fois de plus pour tenter de réorienter les engagements du chanteur dans des voies plus catholiques : « Le Père Duval n'est pas une vedette à exploiter. Par contre, après une reprise d'ordre spirituel consécutive à sa cure, il faut l'orienter avec netteté vers une action directement apostolique : je pense que les Missions paroissiales populaires sont ce qui lui est le mieux adapté. Au cours de ces Missions, rien ne l'empêche d'ailleurs de faire un récital populaire (c'est un apostolat de masse) avec sa seule guitare sans un orchestre, et dans la simplicité d'une salle paroissiale ou d'une salle locale. Il faut qu'il évangélise les pauvres[2] ! ». Ses autorités tentent de limiter les tours de chant pour le ramener à une forme d'apostolat plus classique. Il faut lui faire quitter le monde de la variété au profit de celui de la mission. L'insistance sur la simplicité, la guitare sans l'orchestre, rappelle combien les développements de la carrière de chanteur du jésuite gênent ses responsables. Mission, évangélisation, les mots du provincial sonnent comme un rappel à l'ordre, celui d'un retour aux formes classiques d'apostolat

1. Lettre du P. Duval au Provincial, 11 mars 1963.
2. Lettre du R. P. Pillain, au R. P. Brandicourt, du 13 juin 1962.

plutôt qu'au récital. Pour à la fois encadrer l'homme et sauver le jésuite, sa tutelle aspire à le voir renouer avec une forme plus classique d'intervention musicale, celle de l'usage de la musique et du chant dans les regroupements catholiques ou dans la mission populaire. Des temps d'attente, de remise en forme physique et spirituelle sont ainsi organisés. Après trois mois passés auprès du P. Lacourt, un prêtre de paroisse à Amiens, sorte de sas avant la reprise, son provincial lui propose de redéfinir son apostolat : « Vous n'êtes guère séparable de votre guitare, pas plus de votre cœur. Or celui-ci vous porte vers les pauvres et ceux qui souffrent [...] Allez aux pauvres avec votre guitare ; votre cœur et l'amour de Jésus-Christ. [...] Redevenez le "troubadour" du Bon Dieu, celui qui rend l'espérance aux pauvres et fuyez comme la peste tous les chemins qui vous feraient redevenir la vedette à la mode, même sous le prétexte d'apporter de l'argent aux Missions [1] ». Mais le prêtre-chanteur a bien du mal à quitter les feux de la rampe. Le charisme même de l'homme qui fait son succès comme chanteur est une difficulté comme jésuite. Duval n'est pas l'obéissance incarnée dans le respect de ses obligations de clercs, sans révolte.

Ce retrait a tenu le chanteur longtemps éloigné de ses fans. Or la vedette est le produit de la « dialectique même du public et du privé [...] : c'est le privé que l'on consomme en elle, mais ce privé n'est lui-même qu'un mirage public [2] ». Comme pour toute vedette, l'éclipse du P. Duval génère bruits et rumeurs. Plusieurs lettres

---

1. Lettre du R. P. Pillain au P. Duval, le 12 mars 1963.

2. Roland BARTHES, *op. cit.*, p. 1132.

témoignent de cette inquiétude. Yves de Colnet, le Socius du Provincial de France-Nord répond le même jour, le 11 novembre 1963, à deux correspondants espagnols différents. Au premier, il répond : « Je sais que la rumeur du départ de la Compagnie du Père Duval circule en Espagne. Je suis navré de ce faux-bruit et je vous suis reconnaissant de faire savoir autour de vous qu'il n'en est rien[1]. » Le thème n'est pas anecdotique. Sœur Sourire quitte les ordres en 1964[2]. Si les départs se multiplient au sein du clergé, comme l'évoque l'ouvrage de Maurice Bellet en 1965[3], elle souhaite poursuivre une carrière de chanteuse sous un nouveau nom, Luc-Dominique, et dans un nouveau registre qu'illustre tant la chanson *La Pilule d'Or* que *Je ne suis pas une vedette* en 1967. Il n'est donc pas surprenant que le retrait, même temporaire du P. Duval, soit interprété comme un départ. Au second correspondant, Colnet ajoute : « Vous devez dire nettement autour de vous – que le Père Aimé Duval est toujours de la Compagnie [...] Peut-être fait-il moins parler de lui actuellement, il a dû se reposer l'hiver dernier et il ne reprend que peu à peu ses activités musicales[4]. »

Les heurts et contrecoups de sa carrière sont interprétés à l'aune de la vie de l'Église, sa disparition signifie son départ.

---

1. Lettre d'Yves de Colnet, Socius du R. P. Provincial de France-Nord au R. P. José M. Torello (Barcelone), 11 nov. 1963.

2. F. Delaporte, *op. cit.*, p. 38 et C. Sauvat, *op. cit.*, p. 72.

3. Maurice Bellet, *Ceux qui perdent la foi*, Paris, Desclée, 1965.

4. Lettre d'Yves de Colnet, Socius du R. P. Provincial de France-Nord au Frère Angel Garcia, colegio Mayor « Sagrado Corazón » Comillas (Santander), 11 nov. 1963.

Ces départs, qui n'épargnent ni les dominicains[1] ni les franciscains[2], ni le clergé séculier[3], s'établissent sur une discordance entre l'engagement de ces clercs et l'institution qu'ils représentent. Si certains, « progressistes », refusent les positions sur le communisme ou la mission ouvrière, plusieurs constatent l'impossible conciliation de la modernité avec l'Église. La chute des ordinations dans les années 1950-1960 frappe. « Jamais, en temps de paix, la France n'avait connu une crise aussi grave [...] La désaffection actuelle à l'égard du sacerdoce ne semble apparemment s'expliquer par aucun phénomène extérieur à la vie de l'Église[4]. » L'annonce d'un départ du chanteur préfigure par bien des traits la vague des années 1960. Le philosophe jésuite Georges Morel interprète ce profond changement d'époque :

> La rupture qui est en train de s'opérer est d'un tout autre style, car ce à quoi s'oppose chaque jour davantage ce siècle finissant, ce n'est pas seulement le XIXe ou le XVIe siècles, mais

---

1. Yann Raison DU CLEUZIOU, *De la contemplation à la contestation, socio-histoire de la politisation des dominicains de la Province de France (1950-1980)*, thèse Paris I Panthéon-Sorbonne, 2008.

2. « On constate aussi un éclatement du milieu ecclésial avec de nombreux départs de prêtres, de religieux et de religieuses », écrit le frère Yves Guibert en 1963. Cité par Giuseppe BUFFON, « Le début du renouveau conciliaire en France dans le milieu franciscain (1943-1979) », *Revue d'histoire ecclésiastique*, juillet-décembre 2010, p. 705.

3. Martine SEVEGRAND, *Vers une Église sans prêtres. La crise du clergé séculier en France (1945-1978)*, Presses universitaires de Rennes, 2004, p. 229-234.

4. Dominique JULIA, *op. cit.*, p. 385.

> un monde vingt-cinq fois séculaire. [...] qu'il s'agisse de la culture hellénique ou de la culture romaine ou de la culture chrétienne, ces divers types de culture avec leurs milles variations sont englobés sous un même concept, le concept de culture *traditionnelle*. Or c'est par rapport à ce concept pris en sa globalité que prétend se différencier la culture *moderne*, qui met ainsi en cause [...] cette tradition même. [...] « modernité » exprime alors un mode d'être au monde caractérisé en particulier par une méfiance grandissante pour les dogmes, entendons par là des valeurs que les sociétés traditionnelles auraient tendance à présenter comme allant de soi, c'est-à-dire sans que, pour leur reconnaissance, la *liberté* humaine soit réellement engagée. [...] Or ces remarques nous aident à comprendre pourquoi aux yeux de certains, le christianisme apparaît comme la religion particulière de sociétés particulières, la religion spécifique des sociétés traditionnelles, dans la mesure [...] où, depuis surtout le XVIIIe siècle, il a freiné ce mouvement de transformation de la tradition en modernité[1].

Le prêtre-chanteur s'inscrit dans un temps qui n'est plus. Il ne vient pas non plus à assumer la transition entre la foi des ancêtres et les nouvelles sensibilités. Si Duval interroge les capacités de l'institution à trouver un langage évangélique qui corresponde à l'homme d'aujourd'hui, il ne remet jamais en cause la pertinence de la foi ni l'existence même de l'Église, mais sa proposition nouvelle d'apostolat et d'accompagnement ne peut se généraliser.

Le retour est bien difficile. Si le rythme des tours de chant reprend, l'usure s'installe auprès du public. En

---

1. Georges MOREL, *Problèmes actuels de religion*, Paris, Aubier, 1968, p. 94-95.

mobilisant par le chant, le concert et le disque, les prêtres-chanteurs s'inscrivent dans un contexte doté de ses propres logiques et règles. Duval, à la différence de Cocagnac et Didier, tente de renouveler son style musical pour coller aux goûts du jour. L'élan suffit à le maintenir un temps en haut de l'affiche avec des tours de chant importants, malgré de nombreux arrêts de santé. En 1968, il constate que l'époque n'est plus la même : « Je vais donc abandonner le travail de chansonnier qui fut le mien pendant 12 ans. Pour des raisons de santé principalement. Pour des raisons de non-rentabilité aussi. Les "variétés" passent une mauvaise période, dont on ne prévoit pas la fin. Même les supervedettes se plaignent d'une subite et peut-être durable carence de clientèle[1]. » Sa tutelle en déduit simplement : « Vous avez à un moment donné fait votre percée dans ce monde ! Vous avez eu votre heure de célébrité : ce temps est maintenant révolu. Tout passe vite, au royaume des chansons plus vite encore qu'ailleurs[2] ! ». Après son quart d'heure de gloire, Duval s'efface. Dans ce « domaine où la mode, la versatilité, le snobisme, la contagion des engouements irréfléchis, plus qu'ailleurs règnent en maîtres[3] », une enquête sur leurs chanteurs préférés réalisée par le P. Barjon, au sein des élèves du Secondaire à six ans d'écart, livre le succès et la chute du compositeur-interprète. En 1957, Duval est classé troisième après Brassens et Bécaud et avant Trenet et les Compagnons de la chanson. En 1963, Richard

1. Lettre d'Aimé Duval au R. P. Provincial, Nancy, 29 mars 1968.
2. Lettre de François Lacourt au P. Duval, Amiens, 4 avril 1968.
3. L. BARJON, « Où en est la chanson ? », *op. cit.*, p. 207.

Anthony l'emporte sur Françoise Hardy, Jacques Brel, Claude François et Georges Brassens. Duval ne se classe plus dans les dix premiers. « C'est un lieu commun de rappeler combien le règne des vedettes de la chanson est, de nos jours, éphémère [...] une nouvelle étoile se levant au firmament du Music-hall a tôt fait de renvoyer au magasin des vieilles lunes l'idole naguère triomphante [1]. » Un public participe encore des récitals qu'il livre ici et là. L'évolution du monde de la variété et le renouvellement incessant des vedettes épuisent l'attrait pour la figure du prêtre-chanteur.

En 1967, une feuille manuscrite livre un bilan de santé désastreux du Père : « Dépression nerveuse, pancratite, infarctus, Avant les concerts... comédies ! Drogues de toutes sortes alcools. Fume... Fait ce qu'il veut. [...] Comportements en commun. En marge comm(unauté), [...] Ne travaille plus professionnellement (cassé). [...] Ne dis + jamais sa messe [2]. » Ses concerts ébranlent sa santé physique et spirituelle. Le succès s'éloigne. Le chanteur poursuit ses récitals mais l'homme est brisé. La carrière du prêtre-chanteur s'abîme dans les addictions et dépendances, physiques et psychologiques. Le vedettariat n'épargne ni les chanteurs laïcs ni les clercs. C'est aussi l'échec de cette génération de clercs, qui s'est engagée dans une réforme tant de l'Église que de son rapport au monde. Le concile Vatican II avait concrétisé leur engagement plus qu'il ne l'avait impulsé. Après l'euphorie conciliaire, des doutes et des désillusions apparaissent. Confiant dans sa mission et son efficacité, le

1. *Ibid.*, p. 208.

2. Feuilles manuscrites, bilan de santé du P. Duval, auteur inconnu, 18 janvier 1967.

prêtre souhaite modifier la pastorale pas la dogmatique. Plus soucieux de faire entendre le message évangélique que de le repenser, le chanteur s'inscrit bien dans le temps de l'Église missionnaire.

Bien qu'encadré et surveillé, Duval se sent seul, livré à lui-même, affecté par la maladie et occupé par sa lutte contre l'alcoolisme. Il reste fidèle à son engagement et est enterré dans le carré jésuite du cimetière municipal de Nancy. La Compagnie se révèle incapable de « gérer » matériellement et spirituellement le phénomène. Sa notoriété et son succès permettent pourtant à de nombreux auditeurs de « faire communauté », de renouer avec une expression religieuse et de renforcer leur lien avec leur Église. L'incompréhension du phénomène, dont les risques (collectifs ou individuels) apparaissent supérieurs aux gains, entravent une bonne réception de la figure du prêtre-chanteur. Elle ne peut se déployer que dans l'église en soutien à l'expression du peuple croyant. L'expérience de christianiser la chanson de variété échoue tant pour des motifs externes (évolution du champ) qu'internes (refus du « saltimbanque »).

CONCLUSION

Quelle Église pour quel monde ?

« Nous allions rénover le monde, en inventant de nouvelles formes d'apostolat : on verrait ce que l'on verrait ! Comme il nous tardait d'être demain ! Nous piaffions d'impatience ; et tous les prétextes étaient bons pour tenter quelques naïfs essais de ministère [1]. » Telle est l'ambiance au séminaire de Coutances en 1954, parmi des clercs engagés dans un profond renouvellement de l'exigence missionnaire, au moment où le catholicisme irrigue encore largement la société mais où son emprise se délite. Depuis le milieu du XIXe siècle, une sous-culture catholique s'est constituée en citadelle face au monde moderne, ce positionnement devient obsolète au sortir de la Deuxième Guerre mondiale alors que les catholiques ont renoué avec la vie sociale et politique.

Pour lutter contre les raisons de l'incroyance en changeant le visage de l'Église, ces prêtres-chanteurs offrent une nouvelle forme d'apologétique, non pour transformer la

1. Louis COSTEL, *Curé de campagne*, Paris, Desclée de Brouwer, 1988, p. 13.

finalité, mais bien la méthode. Ils proposent une socialisation différente, complémentaire de la paroisse et des tentatives d'encadrement et d'accompagnement (retraites, direction...) qui se développent parallèlement. Si leur tentative est surveillée comme le lait sur le feu, elle n'est pas empêchée. Après quelques tours de chant au succès impressionnant, les prêtres-chanteurs quittent néanmoins le haut de l'affiche. Entre 1955 et 1975, période décisive du changement au sein de la chrétienté (Mc Leod), ils incarnent un autre visage de l'Église. Alors que Mouque et Cocagnac se replient sur l'accompagnement des croyants, Duval approfondit le choix d'être chanteur et tente de gagner des terres de plus en plus éloignées. Il loue Jésus dans un temps et des milieux où sa présence est rare pour offrir une autre image de Dieu et de l'Église. « Le mot (Dieu) peut choquer parce que le mot s'est chargé, au cours de siècles, d'incompréhension, de partisanerie, de haine, de sang, de guerres, de vengeances. Le mot est devenu tabou, en France surtout, par la faute des violents, des guerroyeurs, des vaniteux et des imbéciles, accourus des quatre coins de l'Histoire Malsainte[1]. » L'option du chanteur est de dépasser la distinction Église enseignante/Église enseignée, et le couple infernal Évangile/institution pour redonner de l'efficacité au message. Grâce à la chanson, ces prêtres dispensent l'espérance croyante et sensibilisent le public à l'existence de Dieu et aux apports de la foi. Ils proposent une religion d'amour, une forme de charité, de piété et des ferveurs collectives dans une sorte de culte communautaire où se partagent

1. LUCIEN, *op. cit.*, p. 129.

l'espérance et la joie. Leur base théologique est simple, l'homme est fait à l'image de Dieu. Une christianité qui participe de l'air du temps.

L'échec ne vient pas de Rome, d'une condamnation à l'exemple des prêtres-ouvriers, ou d'une reprise en main de la « nouvelle théologie » sous Pie XII. Pourtant, qu'un prêtre devienne chanteur de variété revient à proposer une nouvelle forme de socialisation, un attachement lâche, une sensibilisation aux thèmes et valeurs évangéliques par le biais d'un média populaire, la chanson. Or les frontières sont alors poreuses, celles de la prise de distance et celles aussi de l'identification. Suffit-il d'écouter Cocagnac, Duval et Mouque pour être chrétien ? Une institution, qui se compte alors beaucoup [1], peut-elle inclure des fidèles mouvants ? Les prêtres-chanteurs ne façonnent pas des participants à la messe, néanmoins ils perpétuent une sensibilité chrétienne, irriguant les formes contemporaines de la culture sociale. Ils repoussent l'idée selon laquelle, « pris de vitesse, le monde catholique [serait] condamné à ne proposer que des refus [2] ». Cette tentative d'une nouvelle méthode d'évangélisation, cette adaptation du catholicisme à un nouvel environnement social (les « Trente glorieuses ») et culturel (la montée de la jeunesse) n'a pas été désavouée. La conclusion du rapport du 4 mars 1960 sur « La situation religieuse de la France et de ses apôtres

---

1. « Le but est bien la croissance dans le monde de la semence divine, mais pour cela il faut bien s'intéresser au terrain où elle tombe. » Fernand BOULARD, *Premiers itinéraires en sociologie religieuse*, Paris, Les Éditions ouvrières, 1954, p. 84.

2. Olivier CHATELAN, « Introductions » in *Sociologies catholiques*, *ASSR*, n° 179, octobre-décembre 2017.

vue par le CPMI » vaut pour les prêtres-chanteurs : « Les multiples efforts apostoliques [...] n'ont fait que freiner le recul de l'attachement à l'Église [1]. » Le Concile Vatican II n'y est pour rien.

Comme pour les écrivains catholiques, il n'y aura pas de postérité des prêtres-chanteurs. Plusieurs raisons expliquent cet échec. De profonds changements religieux se produisent au moment où émerge cette nouvelle figure pastorale, fruit à la fois de mutations internes et de profondes transitions sociales. Ces évolutions se sont préparées bien plus tôt, combinant tant des facteurs anciens que plus récents.

À l'interne, des dissonances divisent le tissu catholique. Entre cathos de gauche et cathos conservateurs, transigeants et intransigeants, surtout entre des laïcs en quête d'une foi approfondie, mieux vécue et nourrie tant intellectuellement que culturellement, et des clercs qui se déchirent entre traditionnalistes et « curés politiques et [...] leurs sinistres catéchismes [2] », entre radicaux et conformistes. Cette divergence à bas bruit n'épargne aucun niveau de la structure ecclésiale, d'où l'échec en bout de cycle des encycliques de restauration adoptées par Paul VI tant sur le célibat du clergé (*Sacerdotalis Caelibatus*) en 1967 que sur la procréation (*Humanae Vitae*) en 1968. Cette même année, Michel Lancelot publie un ouvrage sur le mouvement hippie intitulé *Je veux regarder Dieu en face*.

---

1. É. FOUILLOUX, « Brève histoire du Centre pastoral des missions de l'intérieur », *Les chrétiens français entre Guerre d'Algérie et mai 1968*, Paris, Parole et Silence, 2008, p. 253.

2. Philippe PARINGAUX, *Rock and Folk*, sept. 1970.

Le bouddhisme zen et l'orientalisme attirent. Cette pluralisation de l'offre contribue au retrait du catholicisme.

Le cœur des difficultés est la profonde mutation sociale et sociétale. Dans une longue lettre à son Provincial en 1957, Duval mobilise la typologie de la sociologie catholique pour justifier son apostolat et les différents types de public touchés :

> L'expérience des « concerts » me montre à l'évidence que cette formule de Mission est vivable. Devant les non-chrétiens : Parce que cette formule les touche, les atteint. [...] Parce qu'elle a une prise certaine sur leur vie intérieure, les fait réfléchir sur la Foi en Jésus, en l'Église, sur la morale chrétienne aussi. Parce qu'elle ne les cabre pas dans leur refus de l'Église, tout en les laissant sensibles au témoignage de celui qui chante. Je vous cite des extraits d'une lettre de l'organisateur de la soirée de Lorient : "Cela m'a valu une récollection, j'ai rencontré le Christ. [...]" (militant jociste). « Tout ce que l'on dit dans les sermons, le Père nous l'a dit ce soir, mais autrement. Il m'a fait du bien. Je crois que ça ira mieux. » (Chrétien moyen). « Ça c'est formidable, il m'a fait prier malgré moi. Vous lui direz merci » (Mareyeur non pratiquant). [...] Ces soirées sont et deviendront de plus en plus un rappel de leur Foi. [...] Il est bon pour les chrétiens en groupe et mêlés aux paysans d'entendre parler de Jésus et de l'Église. Et sur un mode plus libre et plus heureux qu'à l'église [1].

Si Duval intègre la diversité des publics et des demandes, il énumère aussi les différents usages de son tour de chant

---

1. Lettre d'A. Duval au R. P. Provincial Misset, 1er février 1957.

par le public sans percevoir que cette pluralité décèle bien des remises en cause. « Cela me conduirait, si j'avais un propos philosophique, à des considérations sur l'attitude de l'Église moderne, qui loin de les jeter au vent, sait reconnaître les atouts loyaux que lui apportent les curés plongeurs comme l'abbé Simon, les religieux marionnettistes comme le R. P. Brandicourt ou chanteurs de swing comme le Père Aimé Duval [1]. » Les phénomènes religieux ont leur propre autonomie et génèrent leur propre dynamique. La tentation d'adaptation à la modernité comporte des risques.

Le prêtre-chanteur de variété interroge l'ecclésiologie. Si le message du Christ a plus de succès sur scène que dans les églises, une conception du rapport Église enseignante et Église enseignée est bouleversée. La chanson offre une connaissance directe de Dieu par l'affection, l'amour et le divertissement. L'échec est autant dû à l'impossible détachement des habitudes apostoliques qu'à une société en mutation apte à recevoir l'expérience des prêtres-chanteurs et qui les consomme au même titre que les autres divertissements.

Sur le plan social, l'Église rate l'émergence d'une nouvelle jeunesse, comme elle a manqué la classe ouvrière. Cette jeunesse dépose la tradition comme un manteau fatigué auquel on tient par attachement sentimental, plus que par adhésion. Une rupture de transmission se produit qui génère une distorsion entre l'institution et la nouvelle vague sociale. Joseph Folliet signale « le conflit des générations plus fort que jamais en un temps où s'accélère

---

1. Georges RAVON, *op. cit.*, p. 3.

l'histoire[1] » parmi les causes d'un « malaise » au sein du catholicisme. Il propose quelques remèdes : « Pour restaurer le sens de Dieu, il importe d'offrir aux athées une image de Dieu qui ne soit point une caricature : "C'est l'heure de Dieu, la théodicée du droit naturel, de l'humanisme chrétien. C'est le moment de présenter sous son vrai jour le Dieu vivant de l'Ancien et du Nouveau Testament."[2] ». Or les prêtres-chanteurs concilient nouvelle offre et humanisme chrétien. Le problème est plus vaste. « C'est le contenu, le produit pas seulement l'emballage, qui est en cause [...] la "malcroyance" douloureuse, sous une pratique encore sérieuse, prépare la "décroyance" indolore de beaucoup de leurs fils[3]. » Les réponses conventionnelles ne satisfont plus une demande renouvelée d'une authenticité et d'une liberté individuelle plus grande. Mettre au service de la foi et de l'Église les loisirs les plus à la mode comporte le risque que les moyens subvertissent la fin alors que la seconde vague du rock français est largement dépolitisée[4]. « Et un peu partout, des collèges, des fêtes paroissiales, des universités, des foires commerciales engagent un groupe là où, il y a deux ans, ils auraient engagé Brel dans le meilleur des cas, ou Mireille Mathieu[5]. » Les chanteurs à texte ont

---

1. Joseph FOLLIET, *La Maladie infantile des catholiques français*, Lyon, Chronique sociale de France, 1966, p. 147.

2. *Ibid.*, p. 169.

3. Alain-Zacharie SERRAND, « Des jeunes interpellent leurs aînés (suite) », *Lettre*, n° 97-98, sept.-oct. 1966, p. 25-28.

4. Marianne AMAR, « Pop music et contestation », in L. Gervereau et David Mellor (dir.), *op. cit.*, p. 226.

5. Philippe CONSTANTIN, « Pop et profit, le changement dans la continuité », *Musique en jeu*, n° 2, mars 1971, p. 95-101.

perdu la bataille de la jeunesse, ils vieillissent avec leur public. Duval tente de se détacher de la chanson « feu de camp » ou d'accompagnement liturgique, en puisant en particulier dans les inspirations negro-spirituals et la chanson à texte, alors que le folksong américain triomphe, revu par Hugues Aufray et Graeme Allwright. La Californie et le Tibet remplacent Rome et Jérusalem. Les *spirituals* nourrissent le culte avant qu'un rock chrétien d'inspiration largement charismatique émerge tardivement au début du XXIe siècle[1].

L'expression de la foi n'est plus imposée par une autorité religieuse. Entre choix orthodoxe et orientation spirituelle, le prêtre-chanteur se place du côté du spirituel, ses textes et la forme même de son apostolat se situent moins dans l'attestation que dans le proliférant, le bourgeonnant. Ses chansons développent une forme utopique contestant le monde tel qu'il va sur le plan éthico-social, elles proposent un autre ordre des choses autour de l'amitié et de l'amour, l'attente d'un âge d'or. Le chanteur a conscience des différences sociales et aspire à une société sans classes, un Royaume de Dieu alternatif. Réinstaurer l'espérance passe selon lui par le développement d'un instrument nouveau pour toucher les éloignés ou les indifférents[2]. Ces tentatives de conquête d'une autonomie plus large,

---

1. Valérie AUBOURG, « Entre influence évangélique et affirmation catholique : genèse et développement du groupe Glorious », in Bruno DUMONS et Frédéric GUGELOT (dir.), *Catholicisme et identité. 1980-2016*, Paris, Karthala, 2017, p. 211-226.

2. « Cette instauration ou cette réinstauration du royaume de Dieu n'en postulait pas moins *un instrument.* » Henri DESROCHE, *Les Religions de contrebande : essais sur les phénomènes religieux en époques critiques*, Tours, Mame, 1974, p. 96.

les difficultés rencontrées par les autorités de tutelle sont autant de signes d'une dé-institutionnalisation inachevée, qui s'inscrit aussi dans l'air du temps. La conception d'une Église comme corps mystique du Christ les rattache aux mouvements d'Action catholique des années 1930. Pour s'élever au-dessus des contraintes socio-économiques, le message d'amour évangélique, au fond très moral, peut, sur une relation mystique entre le Christ et le monde, rendre possible une évolution sociale. Le prêtre-chanteur s'inscrit dans l'utopie du catholicisme social d'une possible christianisation de la modernité. « Les Trente Glorieuses marquent l'apogée de cette utopie mais [...] la modernisation de la société à laquelle les catholiques participent se retourne contre le dispositif qu'ils ont mis en place[1]. » La tentative de déconfessionnalisation de Duval reflète celle des mouvements et syndicats chrétiens. Le catholicisme missionnaire et ouvert n'entrave que peu la lente sécularisation et pluralisation de la société.

L'expérience des prêtres-chanteurs illustre le débat d'une Église confrontée à un choix, de toute façon, perdant. Si elle s'ouvre, elle élargit son audience et son public, mais elle communalise moins. Des éloignements, des prises de distances, des formes bâtardes d'adhésion deviennent possibles et acceptables. Si elle se ferme, elle préserve le troupeau mais le fossé avec la société se creuse. Entre extension et intensité – l'une n'excluant pas l'autre – tout l'enjeu est de savoir à laquelle se prête l'époque. Le décrochage se produit dans le sens du courant, pas à contre-courant.

---

1. Denis PELLETIER, *Les catholiques en France de 1789 à nos jours*, Paris, Albin Michel, 2019, p. 235.

Table des matières

Troisième partie

LA VEDETTE, SES FANS ET SES DÉTRACTEURS

Quatrième partie

LES RANÇONS DE LA GLOIRE

IMPRIM'VERT®

PEFC
10-31-3532

Imprimé en France

Composition : Le vent se lève...

N° d'imprimeur : N09137250608
Achevé d'imprimer : août2025
Dépôt légal : septembre2025